Stefan Zweig

MONTAIGNE

随笔大师蒙田

斯蒂芬·茨威格 著

舒昌善 译

生活·讀書·新知 三联书店

Simplified Chinese Copyright © 2020 by SDX Joint Publishing Company.
All Rights Reserved.
本作品简体中文版权由生活·读书·新知三联书店所有。
未经许可,不得翻印。

图书在版编目(CIP)数据

随笔大师蒙田/(奥)斯蒂芬·茨威格著;舒昌善译.—北京:生活·读书·新知三联书店,2020.9 (2024.1重印)
(茨威格人物传记)
ISBN 978-7-108-06844-6

Ⅰ.①随⋯ Ⅱ.①斯⋯ ②舒⋯ Ⅲ.①蒙台涅(Montaigne, Michel Eyquem Seigneur de 1533-1592)-传记 Ⅳ.① K835.655

中国版本图书馆 CIP 数据核字(2020)第 083986 号

特邀编辑	樊燕华
责任编辑	叶 彤
封扉设计	蔡立国
责任校对	龚黔兰
责任印制	董 欢
出版发行	生活·讀書·新知三联书店
	(北京市东城区美术馆东街22号 100010)
经 销	新华书店
印 刷	河北鹏润印刷有限公司
版 次	2020年9月北京第1版
	2024年1月北京第2次印刷
开 本	787毫米×1092毫米 1/32 印张6.25
字 数	128千字
印 数	5,001-8,000册
定 价	49.00元

目 录

第一章　重温蒙田 …………………………………… 1
第二章　从平民到贵族 ……………………………… 28
第三章　载入史册的蒙田 …………………………… 52
第四章　写作十年 …………………………………… 63
第五章　寻找自我 …………………………………… 72
第六章　捍卫内心的自由 …………………………… 83
第七章　意大利之旅 ………………………………… 90
第八章　最后的岁月 ………………………………… 110

米歇尔·德·蒙田年谱 ……………………………… 125

《蒙田随笔集》在中国 ……………………………… 142

译者后记 ……………………………………………… 147

第一章　重温蒙田

若干少数作家,如荷马[1]、莎士比亚[2]、歌德[3]、巴尔扎克[4]、托尔斯泰[5],他们能被任何人在任何年龄和任何生活时代所发现;而另有一些作家,他们只是在某种特定时刻才展现自己的全部意义。米歇尔·德·蒙田就是属于后一种作家。为了能真正读懂米歇尔·德·蒙田,人们不可以太年轻,不可以没有阅历,不可以没有种种失望。米歇尔·德·蒙田自由的和不受蛊惑的思考,对像我们这样一代被命运抛入如此动荡不安的世界中的人来说,最有裨益。只有在自己深感震撼的心灵中不得不经历这样一个时代的人才会知道——这个时代用战争、暴力和专横的意识形态威胁着每一个人的生活并又威胁着在他一生之中最宝贵的东西:个人的自由——在那些乌合之众疯狂的时代里要始终忠于最内在的自我,需要多少勇气、多少诚实和坚毅。他才会知道,世上没有一件事会比在群众性的灾难之中不被玷污而保持住自己的思想独立和道德独立更为困难和更成问题的了。只有当一个人在对理性和对人类的尊严产生怀疑和丧失信心的时候,他才会把一个在世界的一片混乱之中独处独醒和始终保持堪称表率的正直的人颂扬为实在了不起[6]。

唯有经过磨难和有阅历的人才会赞赏米歇尔·德·蒙田的智慧和伟大,对此我有切身体会。我二十岁那年第一次读他的《随笔集》——那是他唯一的一部在书中把自己遗留给我们的书——说实在的,那时我还真不太知道该怎样读这本书。我虽然具备足够的对文学的艺术鉴赏力,十分钦佩地认识到:书中显示出他是一位令人感兴趣的人物、一位特别具有洞察力和远见的人、一位和蔼可亲的人。此外他还是一位懂得给自己的每一句话和每一句格言赋予个性特点的文学家。但是我对此书的欣赏还始终停留在一种文学欣赏——对古籍的一种欣赏——而缺乏自己内心的激励,缺乏那种心灵与心灵之间电火花般的碰撞。《蒙田随笔集》的题旨已令我觉得相当离奇,而且绝大部分随笔不可能涉及我自己的生活。蒙田老爷在他的随笔《国王们会客的礼仪》[7]或者《评西塞罗》[8]中那些偏离主题而又海阔天空的夹叙夹议和我这个二十世纪的年轻人又有什么相干呢?即便是他温和、中庸的至理名言也和我没有关系。他的那些至理名言对当年的我来说未免为时过早。米歇尔·德·蒙田的明智告诫:行事不要雄心勃勃、不要太热衷于卷入外部世界,以及他的抚慰人的劝谕:为人要敦厚温良和宽宏大量——这对满腔热忱的年龄层次的人来说究竟有什么意义呢? 这个年龄层次的人是不愿意让幻想破灭、不愿意被人抚慰的,而是潜意识地只想在自己精力旺盛之际被人激励。青年人的本质就在于不希望自己被规劝成为过于平和、处处怀疑的人。对青年人来说,任何怀疑都会成为一种拘谨,因为青年人为唤起自己内心的那股冲劲,需要的就是深信不疑和理想。即便是最激进、最荒诞的妄想，只要能煽动青年人，青年人就会觉得这种妄想比那些会削弱他们意志力的最最崇高的至理名言更重要。再说到个人自由——米歇尔·德·蒙田已成为各个时代个人自由的最坚定的旗手，可是在我们当时的青年一代看来，难道这种个人自由真的还需要在一九〇〇年前后进行如此顽强的捍卫吗？个人自由难道不早已成为理所当然的事情了吗？有关个人自由的一切难道不早已成为从专制和奴役中解放出来的人类通过法律和习俗得到保障的精神财富了吗？在我们当时的青年一代看来，拥有自己生活的权利、拥有自己思想的权利，并把那些思想毫无顾忌地从口头和书面表达出来的权利，是属于我们自己的，就像我们用嘴呼吸、我们的心脏跳动一样不言而喻。在我们面前的世界是一片又一片自由的土地。当年的我们不是国家的囚犯，我们没有在服兵役中受到奴役，没有屈从于专横思想的胡作非为，没有人处于被蔑视、被驱逐、被关入牢房、被赶出家门的危险之中。所以在当时的我们这一代人看来，米歇尔·德·蒙田去摇撼那些我们认为早已被打碎了的种种枷锁，没有什么意义，因为我们当时根本不知道，那些枷锁已经被命运重新在为我们打造着呢，而且是比以往任何时候更冷酷无情和更残忍野蛮。我们当时是把米歇尔·德·蒙田为争取个人的内心自由所做的斗争当作一种历史上的斗争来加以尊重和崇敬的。而对当时的我们来说，米歇尔·德·蒙田所做的那种斗争早已成为多余和无关紧要的了。因为人生的神秘法则往往是：我们总是在太晚的时刻——当青春已经远去时，当健康不久就要离开我们时，当自由——我们心灵最珍贵的本质——将要从我们身上被夺走或者已经被夺走时，我们才知道人生最最重要和真正的价值是：青春、健康、自由。

这也就是说，要懂得米歇尔·德·蒙田的生活艺术和生活智慧，要懂得米歇尔·德·蒙田为获得"自我"[9]所做的斗争——我们精神世界中最必不可少的斗争——的必要性，一定要有一种和米歇尔·德·蒙田生活处境相似的处境出现。我们也一定要像他似的先经历一次世界从最美好的繁荣之中陷入令人惊愕不已的大倒退；我们也要像他似的从我们的种种希冀、期待、经验和欢欣鼓舞中被驱回到那样一种处境：我们在那里最终只好更多地保住孑然一身的自己，捍卫自己难得遇到而又无奈的生活。所以，是在同病相怜的命运之中，米歇尔·德·蒙田才成为我的一个不可缺少的朋友、安慰者、患难之交和兄弟，因为他的命运和我们的命运是可怕地相似。当米歇尔·德·蒙田降世时，一个巨大的希望——一个像我们自己在本世纪之初曾经有过的同样希望："世界实现人文主义"，已开始渐渐消失[10]。而在世人的那个独一无二的生活时期，文艺复兴曾以自己的艺术家、画家、诗人、学者把一种新的、空前的、无与伦比的美奉献给了遇上好运的人类。看来，是那种浑浑噩噩的暗淡生活[11]给世人带来后浪推前浪、逐级登高的不寻常创造力的一百年[12]——不，数百年。世界一下子变得宽广、充实和富裕。学者们用拉丁文、希腊语将柏拉图[13]和亚里士多德[14]的至理名言又从古代带回给了世人。在伊拉斯谟[15]领导下的人文主义展望着一种统一的、世界主义的文化。看来，宗教改革除了拓宽新的知识外，还为新的信仰自由奠定了基础。区域之间和国与国之间的界线被打破了，因为刚刚发明的活字印刷术[16]使每一句话、每一种想法、每一种思想获得了迅速传播的可能。一个国家所获得的似乎成了大家的财富。用思想所创造的这种统一超越了国王们、侯爵们和武器所进行的流血纷争。随着精神世界扩大的同时,地面上的世界——世界的空间——也扩大到了意想不到的地方[17],这又是一种奇迹。从迄今没有航道的大海中出现了新的海岸、新的陆地。一片广袤的大陆[18]为我们今后的世世代代确保了可以居住的家园。贸易往来流动得更快了。古老的欧洲大陆财富充溢并创造出繁华,而繁华又会创造出别具一格的建筑物、绘画和雕塑,创造出一个被美化了的充满精神生活的世界。不过,每当空间扩大的时候,人的好奇心也会大大增加。正如我们自己在这个世纪交替之际——十九世纪末二十世纪初,由于太空被飞机和飘荡在各国上空看不见的传话[19]所征服,犹如生存空间又再次大大地扩展了一样。物理、化学、科学和技术在当时揭开了自然界的一个又一个秘密,从而使自然界的力量服务于人的力量。每当这样的时候,巨大的希望就会使已经陷于绝望的世人重新振作起来。成千上万的人都会回应乌尔里希·冯·胡滕[20]的欢呼声:"活着就是一种乐趣!"不过,如果浪潮来得太猛和太快,回落得也总是更加迅速。正如在我们现在这个时代里,恰恰是新的成就和新的技术奇迹以及完善的组织随后却成了最可怕的破坏因素一样,在当时显得十分有益的文艺复兴和人文主义的各种因素随后都成了致命的毒素。梦想在欧洲给予基督教信仰以一种新思想的宗教改革,随后却造成了那次宗教战争的史无前例的野蛮行径。活字印刷术所传播的不是教育,而是狂热的神学;不是人文主义胜利了,而是排斥异己胜利了。在全欧洲,每一个国家都在血腥的内战中互相残杀；与此同时，来自西班牙的征服者[21]正在美洲新大陆以空前绝后的残忍大肆发泄兽性。一个拉斐尔[22]、米开朗琪罗[23]、莱奥纳尔多·达·芬奇[24]、丢勒[25]和伊斯拉谟的时代重新陷入那种阿蒂拉[26]、成吉思汗[27]、帖木儿[28]等人穷兵黩武的罪行之中。

这正是米歇尔·德·蒙田一生中所经历的真正悲剧——尽管他自己的头脑不受迷惑地清醒，尽管他自己最富同情心的心灵感到极度的震惊，却不得不束手无策地目睹这种从人文主义陷入兽性的骇人听闻的倒退。这种倒退是罕见的世人疯狂大发作之一，正如我们今天又再度亲身经历的一种疯狂大发作一样。米歇尔·德·蒙田在自己的一生中未曾有过一刻在自己的国家和在自己生活的天地里看到过所有那些高贵的精神力量——他心仪的和平、理性、友善、宽容——发生过作用。从他第一眼看到那个时代直至他辞世时的最后一刻——正如我们一样——他都要怀着恐惧规避"仇恨"凶煞和"狂热"凶煞。是"仇恨"凶煞之神和"狂热"凶煞之神亵渎着他的祖国和世人，使他的祖国和世人惊恐和茫然。当他在波尔多目睹民众反抗"征盐税"[29]的起义遭到惨无人道的镇压时，他还是一个不满十五岁的男孩呢。是那种毫无人性的镇压使他毕生成为各种残暴行为的最激烈的反对者。就是这个男孩看到了数以百计的人怎样被那些用最卑劣的本能设想出来的各种残暴行为活活折磨致死。他们被绞死、被用木桩刺穿致死[30]、被处以车磔之刑、被用刀斧砍成四块致死[31]、被斩首、被焚死。他还看到了乌鸦为攫食牺牲者烧焦的和半腐烂的肉在刑场四周盘旋多天。他听到了被折磨的人大声叫喊，而且也必定闻到过穿过街巷迎面飘来的烧焦的人肉气味。而当这个男孩刚刚进入成年时,法国的胡格诺战争[32]就开始了。这次内战以狂热的意识形态把法国完全毁掉,就像今天国家社会主义的狂热分子[33]蹂躏全世界一样。"火焰法庭"[34]将无数新教徒判处火焚,"圣巴托罗缪之夜"[35]那一天就杀戮了约八千人。胡格诺派也是以眼还眼,以牙还牙,用罪行报复罪行,用泄愤报复泄愤,用残暴报复残暴。他们冲击教堂[36]、打碎雕像,着魔似的疯狂甚至都不让死者安宁。"狮心王"理查一世[37]和"征服者"威廉一世[38]的陵墓被刨开,墓内的财宝被掠夺。武装人员从这个村庄赶往另一个村庄,从这个城市赶往另一个城市,一会儿是天主教派的武装人员,一会儿是胡格诺派的武装人员,但总归是法国人对法国人,百姓对百姓。在他们亢奋的兽性中,没有哪一派会向另一派让步。驻在当地的武装人员被抓获后全都排成一行被枪杀,从第一个到最末一个。河流由于冲下来的尸体而遭到污染。估计有十二万座村庄被抢掠一空,夷为平地。不久,仇杀就抛弃了意识形态上的借口。一帮帮武装匪徒袭击各地的城堡、袭击旅行者,不管他们是天主教徒还是新教徒。当时,骑马穿过屋前的一片树林所冒的风险不亚于远航去新大陆或者到吃人的野蛮部族那里去。无人还能知道,他的房屋是不是属于自己的,他的财物是不是属于自己的;无人还能知道,他明天是死还是活,是被抓走还是依然自由。一五八八年,已经上了年纪的米歇尔·德·蒙田在他生命的最后阶段写道:"在我们三十年来所处的一片混乱之中,所有法国人,无论就个别而言,抑或就笼统而言,每时每刻都眼看着自己处在倾家荡产的边缘。"[39]

世上不再有安全。这种基本感觉在米歇尔·德·蒙田的思想意识中必然会表现为一种智慧：倘若他要拒绝和那些着了魔似的疯狂人群一起兴风作浪，倘若他要拒绝和他们一起扼杀自己的祖国、扼杀自己生活的天地，那么他势必要想方设法在这个天地之外——在远离自己的祖国和远离这个时代之外——找到安全之处。那个时代讲人道主义的人的感觉和我们今天自己的感觉是多么相似！这一点可用拉博埃西[40]于一五六〇年写给他的朋友——二十七岁的米歇尔·德·蒙田的一首诗作为印证。拉博埃西在诗中向米歇尔·德·蒙田呼吁："是什么命运让我们偏偏在这样的时代诞生！"

> 我眼看自己的国家走向毁灭，
> 我看不到其他的路，
> 除了离开家园；
> 听从命运的安排，
> 去我该去的地方。
>
> 天神们的怨怒
> 早就催促我逃离，
> 为我指向
> 大洋彼岸辽阔、开放的大地。
>
> 在我们这个世纪之初
> 新大陆在惊涛骇浪中出现，

正因为天神们
要将这里当作避难的去处。

当残忍的刀剑和可耻的祸害
殃及欧洲时,
新大陆的人们会在更美好的天空下
自由耕耘农田。

在人生的宝贵价值,在使我们的生活更纯洁、更美好、更富有正义并且使生活充满意义的一切和我们期盼和平、独立的天赋权利被一小撮偏激分子和意识形态的狂热牺牲掉的那样一些历史时代里,对一个不愿为这样的时代而丧失自己人性的人来说,一切一切的问题都归结为一个唯一的问题,那就是:我怎样保持住我自己的自由?尽管有种种威胁和危险,我怎样在宗派的癫狂行为之中坚定不移地保持住自己头脑的清醒?我怎样在这种兽性之中保持住良知中的人性不致错乱?我怎样摆脱那些由国家或者教会或者政治违背我的意志强加于我的种种专横要求?从相反的角度讲,我怎样坚持在我自己的言论和行动中不远离最内在的自我?我怎样摆脱我自己仅能看到的世界某个小角落?我怎样不去迎合那种受到控制并由外界发号施令的规范?我怎样在面临危险、面临罕见的疯狂和面临他人的利益要被牺牲掉的时候,保持住最属于我自己的心灵,以及保持住只属于我自己的用心血换来的物质?我怎样保持住我自己的身体、自己的健康、自己的思想?我怎样保持住自己的镇定和自己的感情?

米歇尔·德·蒙田将自己的一生、将自己的所有精力和努力以及自己的艺术和智慧全都用在这样一个问题上而且也只用在这样一个问题上——我怎样保持住我自己的自由？为了要在一个普遍屈从于意识形态和宗派的时代里拯救自己的心灵——拯救自由，米歇尔·德·蒙田所做的这种探索和努力使他对我们今天的每一个人来说依然如同兄弟一般亲切。如果说，我们今天把他当作一个艺术家来加以爱戴和主要是把他当作一个艺术家来加以崇敬，那么恰恰是因为没有一个人会像他那样把自己献身于这样一门人生的最高艺术："人生的最高艺术乃是保持住自我。"——米歇尔·德·蒙田这样说过。不过，在更安定和更和平的其他时代里，人们会从自己的另一个视角去考察米歇尔·德·蒙田的思想遗产、文学遗产、道德教育方面的遗产、心理学方面的遗产。在那些其他的时代里曾有过学术上的争论：米歇尔·德·蒙田是不是一个怀疑主义者，或者他是不是一个基督徒；他是一个伊壁鸠鲁派[41]的信徒呢，还是一个斯多葛派[42]的信徒；他是一个哲学家呢，还是一个以读书自娱的人；是一个作家呢，抑或只是一个天才的业余写作者。然而我今天在米歇尔·德·蒙田身上所关心的和所思考的仅仅是这一点：在一个和我们所处的时代相似的时代里，他如何使自己在内心深处获得自由，以及我们如何通过阅读他的作品，用他的思想使我们自己变得坚强。我把他看作世上每一个自由的人的最早祖先，是保护每一个自由的人的圣徒，是每一个自由的人的朋友。我把他看作面对一切人和面对一切事都能保持住自我——这样一门新的然而也是一门永恒的学问——的最好的老师。世上曾有少数人相当真诚和相当顽强地奋斗过，为的是不受因时代的激荡而泛起的污泥浊水以及有毒的泡沫的影响,为的是不同流合污,为的是保持住最内在的自我——保持住自己的"本质",而且确有少数人成功了:他们在自己的时代面前拯救了最内在的自我,并为所有的时代树立了榜样。

米歇尔·德·蒙田为了保持内心的自由所做的这种斗争,也许是一个有思想的人所进行的最自觉和最坚韧的斗争,可是从表面上看,这种斗争丝毫不显得崇高和英勇。把米歇尔·德·蒙田归入那些用自己的言辞声称要为"人类的自由"而斗争的诗人们和思想家们的行列之中,很可能完全是人为的;他丝毫没有席勒[43]或者拜伦[44]那种慷慨激昂的长篇表白和满腔激情,也完全没有伏尔泰[45]的那种攻击性。但是,这样一种想法:要让像"内心自由"这种完全个人的精神世界感染别人,甚至要感染民众——这很可能会遭到米歇尔·德·蒙田的嘲讽。米歇尔·德·蒙田从自己心灵的最深处讨厌职业的社会改良家、口头理论家和四处兜售信仰的人。他非常清楚地知道,要在自己身上保持住内心的独立——仅此一桩——就意味着是一项非常艰巨的任务。因此,米歇尔·德·蒙田的斗争仅限于防御,仅限于捍卫最深层的、不允许别人进入的内心世界——歌德将其比喻为"堡垒"[46]。不允许别人进入自己的内心世界的谋略和手法是:在外表上尽可能做到不引人注目和不事张扬,恰似戴着一顶隐身帽走进世人的天下,以便找到一条通往自我的道路。

所以,米歇尔·德·蒙田所写的原本就不是人们称之为传记的文字。他从不慷慨激昂,因为他在生活中不好出风头,他也不为自己的思想招徕追随者和赢得赞同者。从表面上看,米歇尔·德·蒙田是一个国民、一个官吏、一个丈夫、一个天主教徒、一个不声不响完成别人所赋予他的职责的人。为了应对外部世界,他故意采用了这种不令人注目的保护色,以便能够仔细观察自己心灵的种种变化,然后用色彩斑斓的文字展示这些变化。米歇尔·德·蒙田随时准备让别人借用他所写的文字,却从来不打算把自己所写的文字献给别人。在米歇尔·德·蒙田生活的每一种形式中,他始终保存着自己本质中最好的、最真实的素养。他让别人去夸夸其谈,让别人去结成同伙,让别人去采取极端的行为,让别人去喋喋不休地说教,让别人去炫耀自己;他让这个天下去走自己迷惘和愚蠢的路。而他自己只关心一件事:为了自我而保持理性,在一个非人性的时代里保持人性,在乌合之众的疯狂中保持自由。米歇尔·德·蒙田任别人嘲讽他,任别人说他冷漠、狐疑和胆怯。他让别人感到惊讶——因为他不追逐官职和显贵。纵然是认识他的最亲近的人也没有想到,他是以何等的坚毅、顽强、机智和巧妙在社会的阴影中从事他给自己提出的这项任务:他要度过他自己的一生,而不是仅仅度过人的一生。

因而,这位看上去似乎是无所作为的人恰恰做出了无可比拟的业绩;他通过保持自我和描写自我,其实质是:他用自己为我们保存了一个不加掩饰的、超越时代的人。米歇尔·德·蒙田是一个我们同时代的人、一个今天的人和一个永远有现实意义的人[47],他的斗争就是眼下世人面临的现实斗争,而在米歇尔·德·蒙田那个世纪里的所有其他的神学论文和哲理性的议论却都会使我们感到陌生和陈旧。当我一页又一页地翻阅米歇尔·德·蒙田的著作时,我就会无数次地感觉到,米歇尔·德·蒙田在自己的著作中探讨的恰恰正是我们遇到的事情:在这样一个时代里我心灵中最最内在的忧虑是什么。我就会感觉到,他在著作中的所思所想比我自己所能说的更好、更清楚,比我自己所能想的更清晰。他在书中所说的"你"不就是正指着我自己么。米歇尔·德·蒙田所处的时代和其他时代之间的距离在他的著作中消失了。和我在一起的不是一本书,不是文学,不是哲学,而是一个我视为兄弟一般的人,一个给我出主意、安慰我并和我交朋友的人,一个我理解他而他也理解我的人。每当我拿起他的《随笔集》时,我仿佛觉得印有字迹的书页已在昏暗的房间里消失。我仿佛觉得有人在呼吸,有人与我在一起,我仿佛觉得有一个陌生人向我走来,但又觉得他不再是一个陌生人,而是一个我觉得如同朋友一般的人。相隔四百年的时间如同云烟一般飘散而去;和我说话的不是蒙田领地的领主,不是死于非命的法国国王亨利四世[48]的侍臣,不是佩里戈尔地区的一座城堡[49]的主人;他脱下了白色的有褶裥的宽袖长外套,摘掉了尖顶的帽子,卸下了佩剑,从颈脖上取下了镶有圣米迦勒勋章[50]的令人自豪的项链;到我这里来的不再是波尔多市的市长[51],不再是一位贵族老爷和随笔作家。来的是一位讲述自己并且给我出主意的朋友。我有时候会在他的声音中感觉到一丝淡淡的悲哀——为我们人的本质的脆弱而悲哀,为我们的刚愎自用而悲哀,为我们的领袖人物的固执褊狭而悲哀,为我们的时代丧失理智和残酷无情而悲哀。这是一种高贵的悲哀。他的学生莎士比亚正是将这种高贵的悲哀赋予那些最可爱的人物：哈姆雷特[52]、布鲁图斯[53]、普洛斯彼罗[54]——大家不会忘记这些人物吧。然而过后我仿佛又觉得米歇尔·德·蒙田在笑话我：你何必对待这一切如此心重呢？你何必对你的时代的荒唐和残暴如此介意和沮丧呢？这一切只会触及你的皮肤、触及你的外在生活，却不会触及你的"最内在的自我"。只要你自己不让你自己不知所措，外界就无法从你身上得到什么，也无法使你心烦意乱。"一个头脑理智的人是什么也不会失去的。"时代发生的一切对你是无能为力的，只要你不介入。只要你始终保持清醒的头脑，时代的疯狂也并不是真正的苦难。纵使是你的经历中最不堪回首的经历——表面的种种屈辱、命运的种种打击，也只有当你在这些经历面前变得软弱时，你才会感觉到这些，因为除了你自己，谁会重视这些经历呢？除了你自己，谁会在乎这些经历的欢乐和痛苦呢？除了你自己，没有任何别的事物能提升和降低你的"自我"。一个内心始终坚定和始终自由的人纵然遇到的是外界最沉重的压力，也容易化解。米歇尔·德·蒙田的话和明智的劝谕始终意味着是一种善举，尤其是当某个人在他自己心灵的宁静和自由之中受到困扰的时候，因为在那些迷惘和宗派纷争的时代里，唯有正直和人性可以保护我们自己。读米歇尔·德·蒙田的著作，不一定要读一个多小时或者半个小时，只要翻开他的著作，我们每次都会找到一句言之有理和使人振奋的话。米歇尔·德·蒙田在数百年前所说的话对每一个竭力争取自身独立的人来说，依然始终有效和正确。不过，我们最应该感谢的是那样一些人——他们在一个如同我们今天这样非人性的时代里增强我们心中的人性。他们提醒我们：我们所拥有的唯一的事物和不会失去的事物就是我们"最内在的自我";他们提醒我们:不要为一切来自外部的、时代的、国家的、政治的强迫行为和义务牺牲自己。因为只有在一切人和一切事面前始终保持自己内心自由的人,才会保持住并扩大人世间的自由呢。

注 释

〔1〕 荷马（Homeros），相传为古希腊两部著名史诗《伊利亚特》（一译《伊利昂纪》）和《奥德赛》（一译《奥德修斯纪》）的作者。两部史诗讲述公元前12世纪末希腊人毁灭小亚细亚特洛伊城的故事，和献出木马计的希腊将领奥德修斯在战后返回故乡时在海上历险10年的故事。

〔2〕 威廉·莎士比亚（William Shakespeare，1564—1616），英国戏剧大家、诗人，著有37部戏剧、154首十四行诗和两首长诗，主要作品有喜剧《仲夏夜之梦》《威尼斯商人》，历史剧《理查三世》《亨利四世》，以及悲剧《罗密欧与朱丽叶》《哈姆雷特》《奥赛罗》《李尔王》和《麦克白》等。

〔3〕 约翰·沃尔夫冈·冯·歌德（Johann Wolfgang von Goethe，1749—1832），德国伟大诗人，以书信体小说《少年维特之烦恼》和诗体悲剧《浮士德》传世。

〔4〕 巴尔扎克（Honoré de Balzac，1799—1850），法国小说家。19世纪现实主义文学的杰出代表。生于巴黎以南的图尔城，卒于巴黎。自1829—1848年，共创作小说91部，冠以总名《人间喜剧》，分为三大部分：《风俗研究》《哲理研究》《分析研究》。其中著名的有《欧也妮·葛朗台》《高老头》《幻灭》《农民》《贝姨》《邦斯舅舅》等。

〔5〕 列夫·托尔斯泰（Лев Николаевич Толстой，1828—1910），19世纪俄罗斯伟大的现实主义作家之一。出身伯爵。传世的不朽之作有《安娜·卡列尼娜》《复活》等。

〔6〕 斯蒂芬·茨威格的《蒙田》德语原著第一章只有序号，没有标题，本书第一章标题系由本书中译者所加。

〔7〕《国王们会客的礼仪》法语原文是 ›Cérémonie de l'entrevue des rois‹，又译《王者待客之礼》，参阅 [法] 米歇尔·德·蒙田著，马振骋译《蒙田全集》第1卷第45—46页，上海：上海书店出版社2017年6月

第 1 版。

[8] 《评西塞罗》法语原文是 ›Considérations sur Cicéro‹，又译《论西塞罗》，参阅［法］米歇尔·德·蒙田著、马振骋译《蒙田全集》第 1 卷第 265—270 页。

马尔库斯·图利乌斯·西塞罗（Marcus Tullius Cicero），公元前 106 年 1 月 3 日出生在罗马东南方——古代拉丁姆地区的一座小镇阿尔庇努姆［Arpinum，今阿尔庇诺（Arpino）］。这座小镇在公元前 303 年获得罗马公民权，公元前 188 年获得选举权，在西塞罗的青年时代，小镇是享有自治特权的城邦。西塞罗的祖父务农，且严守传统。祖父生前在家乡一直反对平民主张的秘密表决法，因而受到贵族派的赞许。在西塞罗的父亲获得骑士称号后，这个家族才进入骑士等级，但父亲健康不佳，因而一生未曾追求在政坛发迹，却更喜爱在乡间生活和做学问。显然，这样的家庭环境对西塞罗以后的政治理想和人生追求有潜移默化的影响。西塞罗的母亲出身于阿尔庇努姆小镇的一个古老家族，在西塞罗童年时去世。父亲很关心儿子的成长，在西塞罗 7 岁时就带着他和他的弟弟昆图斯（Quintus）前往罗马，投拜希腊教师门下求学。据传父亲死于公元前 64 年，即西塞罗出任执政官的前一年。西塞罗的从政始于公元前 76 年，是年他被选举为罗马财政官，履职的地方是西西里，主要职责是为罗马征集粮食。他办事勤谨公正，为人温和，得到西西里人的好评。参阅斯蒂芬·茨威格著、舒昌善译《人类的群星闪耀时》（北京：生活·读书·新知三联书店 2018 年 10 月出版）中的"西塞罗"篇。

[9] 此处的"自我"系引用法语原文 soi-même。

[10] 以人文主义为核心内涵的文艺复兴，在法国始于 15 世纪末，至 16 世纪中叶——也就是米歇尔·德·蒙田生活的时代——已接近尾声。法国文艺复兴的杰出代表弗朗索瓦·拉伯雷于 1553 年逝世，是年米歇尔·德·蒙田 20 岁。

[11] 暗淡生活是指欧洲中世纪的生活。

[12] 指欧洲文艺复兴时期。

[13] 古希腊著名哲学家柏拉图（Platon 或 Plato，公元前 428 年或公元前 427 年）在雅典出生。准确日期不详。柏拉图出身贵族世家，受良好

教育。公元前407年拜苏格拉底为师，深受其影响。公元前399年苏格拉底被处死后，柏拉图经北非（埃及、昔兰尼加）到南意大利，接触毕达哥拉斯派门徒。公元前387年至西西里岛，见叙拉古僭主狄奥尼修一世。后重返希腊。公元前386年在雅典近郊的阿卡德米开办"学园"，教授门徒。柏拉图的著作今存有近30篇对话，其中著名的有《共和国》(《理想国》)、《飨宴篇》、《法律篇》等。柏拉图是西方哲学史上将唯心主义哲学体系化的第一人，对后来的基督教神学乃至近代各唯心主义哲学流派均有深远影响。柏拉图于公元前348年（或公元前347年）在雅典去世，准确日期不详。

〔14〕 公元前384年，古希腊著名学者亚里士多德（Aristoteles 或 Aristotle，公元前384—前322年）在爱琴海西北部卡尔基狄克半岛希腊人移民地——斯塔吉拉（Stagira）城出生。准确日期不详，17岁到雅典拜柏拉图为师。柏拉图去世后，他到小亚细亚的阿索斯从事学术研究。阿索斯是当时研究柏拉图哲学的中心。公元前343—前342年亚里士多德任马其顿王子亚历山大的老师。公元前323年，亚历山大大帝逝世后，雅典出现反马其顿统治的运动。亚里士多德离开雅典，前往希腊埃维亚岛（Euböa）的卡尔基斯（Chalkis），公元前322年在该地病逝。准确日期不详。亚里士多德的传世著作有：《工具论》(逻辑学)、《动物学》、《动物志》、《论生成与消灭》、《气象学》、《论天》、《物理学》、《形而上学》(第一哲学)、《伦理学》、《政治学》、《诗学》、《修辞学》等。

〔15〕 伊拉斯谟（Desiderius Erasmus von Rotterdam，约1469—1536），欧洲文艺复兴后期最伟大的人文主义者，出生于荷兰鹿特丹，故称"鹿特丹的伊拉斯谟"，幼年时父母双亡，被亲戚送入修道院，1492年被授予教士圣职，1495年在巴黎蒙太古神学院修读神学，尔后在法、英、意等国游学和教书。伊拉斯谟的传世名著有《古代西方名言词典》《赞美傻气》《拉丁语常用会话》等，1516年出版的由伊拉斯谟翻译注疏的《圣经·新约》希腊语—拉丁语双语版得到当时教皇的称赞，此书是日后马丁·路德将《圣经》译成德语的蓝本。伊拉斯谟在其讽喻作品《赞美傻气》中揭示和批评当时社会和教会的种种弊端，对反封建和反教会腐败的斗争起过积极作用，但其本

人不赞同用暴力进行宗教改革。参阅斯蒂芬·茨威格著、舒昌善译《鹿特丹的伊拉斯谟——辉煌与悲情》（精装本），北京：生活·读书·新知三联书店2018年7月出版。

〔16〕 欧洲在1450年前后发明了活字印刷术。被视为欧洲活字印刷术发明人的德意志人约翰内斯·古滕贝格（Johannes Gutenberg，一译谷登堡，原姓Gensfleisch zum Laden）约于1397年至1400年出生在德意志美因茨（Mainz）的一个城市贵族家庭。准确日期不详。1448—1456年，古滕贝格和富斯特（Fust）一起在美因茨建立一家印刷所，发明活字印刷术，包括铸字盒、冲压字模、浇铸铅合金活字、印刷机及印刷油墨，约于1456年之前印行拉丁文版《四十二行圣经》，被后世称为"谷登堡圣经"（Gutenberg Bible），并被认为是第一部活字印刷的书。古滕贝格于1468年2月5日在美因茨去世。如果没有活字印刷术的发明，欧洲的文艺复兴和宗教改革都不可能产生如此广泛的影响。

〔17〕 指15、16世纪欧洲人的地理大发现，如葡萄牙航海家巴尔托洛梅乌·迪亚斯（Bartolomeu Diaz，约1450—1500）于1487年8月奉葡萄牙国王若奥二世之命，率船三艘沿非洲西海岸南下，绕过非洲南端，至大菲希（Great Fish）河口附近，于1488年返航途中发现好望角。1497年6月24日，为英国和西班牙王室服务的意大利航海家塞巴斯蒂安·卡伯特（Sebastiano Caboto，约1476—1557）在随其父亲——意大利航海家乔瓦尼·卡伯特（Giovanni Caboto）寻找从欧洲向西北方向横渡大西洋通往美洲的航线时发现了北美大陆（今加拿大）的纽芬兰和拉布拉多（Labrador）海岸，当时他们两人误以为是中国海岸。

〔18〕 1451年6月26日，意大利航海家、第一个发现美洲的欧洲人克里斯托夫·哥伦布（Christoph Kolumbus，1451—1506）在热那亚出生。他相信地圆说，认为自欧洲的大西洋岸边一直西行，可到达东方。1485年哥伦布移居西班牙，航行计划得到西班牙国王费迪南德和女王伊莎贝拉的资助，1492年8月3日哥伦布率船三艘从西班牙西南海岸的帕洛斯（Palos）港启航，横渡大西洋，10月抵达巴哈马群岛，后又航行至古巴、海地等岛，以后哥伦布又三次西航，驶抵牙买加

岛及中南美的加勒比海沿岸，误认为所到之地乃印度。哥伦布发现美洲并没有给当时的欧洲殖民者带来巨大财富，因而未受到足够重视。哥伦布晚年贫病交加，于 1506 年 5 月 21 日在西班牙的巴利亚多利德（Valladolid）镇去世。

[19] 指电报。

[20] 1488 年 4 月 21 日，德意志人文主义者乌尔里希·冯·胡滕（Ulrich von Hutten，1488—1523）在德意志黑森地区的施吕希特尔恩（Schlüchtern）县的施泰克尔贝格城堡（Burg Steckelberg）出生。他出身骑士，早年入本笃会隐修院，1505 年离开。作为骑士，他留恋中世纪；作为人文主义者，他深信智慧和知识的力量，重视人的个性，支持马丁·路德的宗教改革，反对罗马教皇和德意志诸侯的封建统治，主张建立以骑士为支柱的中央集权君主国。胡滕的传世之作是与他人合写的《蒙昧人书简》（1515 年前后完成），以文学形式讽刺诸侯、教廷、经院哲学的荒诞、教士的放荡和世人的蒙昧。此书虽然当即被教会查禁，但已四处流传，被人们广泛阅读，同时也传播了伊拉斯谟的人文主义思想：为了虔诚信奉福音派基督教，必须抛弃经院神学和改革天主教的宗教礼仪。胡滕一度和伊拉斯谟有书信往来，后因胡滕支持马丁·路德的宗教改革而和伊拉斯谟分道扬镳。史学界普遍认为，基督徒人文主义者的三个主要代表人物是：伊拉斯谟第一，托马斯·莫尔第二，乌尔里希·冯·胡滕第三。胡滕后来参加由济金根（Sickingen）领导的骑士暴动（1522—1523），失败后逃往瑞士，1523 年 8 月 29 日在苏黎世湖的乌弗瑙（Ufenau）岛去世。

[21] 此处原文是西班牙语 Conquistadoren，是指 16 世纪在墨西哥、秘鲁等南北美洲地区的西班牙入侵者。

[22] 1483 年 3 月 28 日或 4 月 6 日，意大利文艺复兴盛期著名画家拉斐尔·圣齐奥（Raffaello Sanzio，1483—1520）在乌尔比诺（Urbino）出生。任宫廷画师的父亲是他的启蒙老师。拉斐尔于 1500 年进入温布里亚画派著名画家彼鲁基诺（Perugino）的画室学画，后者作品具有浓厚的抒情色彩，对拉斐尔的画风有深远影响。拉斐尔的绘画婉雅和谐、抒情优美，是理想的化身。最著名的代表作有《雅典

学园》《西斯廷圣母》《阿尔巴圣母》《教皇利奥十世》等。拉斐尔于1520年4月6日在罗马去世,享年仅37岁。

〔23〕 1475年3月6日,意大利文艺复兴盛期的艺术大师博纳罗蒂·米开朗琪罗(Buonarroti Michelangelo,1475—1564)在阿雷佐(Arezzo)附近的加普勒斯(Caprese)镇出生。他集雕塑家、画家、建筑师和诗人于一身,13岁进入吉兰达约的画坊学艺,约于1516年完成雕像《垂死的奴隶》《被缚的奴隶》和《摩西》,从1508年至1512年完成罗马梵蒂冈西斯廷教堂的穹顶画《创世记》。从1520年开始历时15年,米开朗琪罗完成为佛罗伦萨美第奇家族创作的陵墓雕像《晨》《暮》《昼》《夜》,这些雕像具有冷峻而沉郁的悲哀情调,反映了作者晚年的心态。1535年至1541年,米开朗琪罗在西斯廷教堂最靠里的墙上为保罗三世教皇绘制大型壁画《最后的审判》。他72岁时才答应任梵蒂冈圣彼得大教堂的建筑师,设计并领导建筑圣彼得大教堂的圆顶和加必多利广场行政建筑群等。此外,还有象征正义力量的雕像《大卫》以及诗集传世,1564年2月18日在罗马逝世。莱奥纳尔多·达·芬奇、拉斐尔、米开朗琪罗被后世誉为文艺复兴"三杰"。

〔24〕 1452年意大利文艺复兴时期著名画家莱奥纳尔多·达·芬奇(Leonardo da Vinci,1452—1519)在佛罗伦萨和比萨之间的芬奇(Vinci)镇出生,故他的名字原意是"芬奇镇的莱奥纳尔多",在西方通常都称他为莱奥纳尔多。达·芬奇是中国约定俗成的译名。他既是画家又是雕刻家、建筑师、解剖学家、工程师、自然科学家。他把科学知识与艺术想象巧妙结合,使绘画达到新的境界。他还将解剖、透视、明暗、构图等整理成系统的绘画理论,对后来欧洲绘画的发展具有重大影响。著名代表作有《最后的晚餐》《蒙娜·丽莎》等,并有大量草图、速写传世。莱奥纳尔多·达·芬奇的艺术精巧含蓄,富于哲理,1519年5月2日莱奥纳尔多·达·芬奇在法国昂布瓦兹(Amboice)附近的克卢城堡(Château de Cloux)去世。

〔25〕 1471年5月21日,欧洲宗教改革时期德意志最重要的油画家、版画家阿尔布雷希特·丢勒(Albrecht Dürer,1471—1528)在德意志的(自由城市)纽伦堡出生。他像莱奥纳尔多·达·芬奇一样具有多

方面的艺术才能，作品充满人文主义思想，反映当时民众反对罗马教皇教廷的腐败，将意大利文艺复兴的艺术理想和北方哥特式绘画技法融为一体，深受画坛赞誉。最著名的代表作有油画《四使徒》（约翰、彼得、保罗、马可）、《圣母子》、《亚当与夏娃》和铜版画《骑士、死神、魔鬼》、木刻组画《启示录》等。1520年丢勒为伊拉斯谟作了两幅素描，1526年又为伊拉斯谟作了一幅铜版画。1528年4月6日丢勒在纽伦堡去世。

〔26〕 阿蒂拉（Attila，406—453），诨号"天主之鞭"（Scourge of God），入侵欧洲的匈奴王（434—453年在位），公元451年在马恩河畔沙隆被古罗马人与西哥特族人击败。

〔27〕 成吉思汗（Dschingis Chan，1162—1227），即元太祖，名铁木真。古代蒙古人首领、军事家和政治家。他统一蒙古诸部后，于1206年被推为大汗，称成吉思汗，即位后于1211年和1215年两次大举进兵金朝，直至黄河北岸，占领中都（今北京），1219年率领蒙古军第一次西征，版图扩大到中亚和俄罗斯南部，1226年率兵南下进攻西夏，次年在西夏病死，元朝建立后，被追尊为元太祖。

〔28〕 帖木儿（Tamerlane，1335—1405），出身于中亚的河中地区一个突厥化的蒙古贵族家庭，英勇善战，1370年在撒马尔罕自立为王，1388年正式称苏丹。经过对邻近各国三十多年的征服活动，帖木儿的河中王国版图名义上发展到从德里到大马士革，从咸海到波斯湾。帖木儿的侵略战争带来巨大的破坏，农田变成荒原，城池被抢劫一空，百姓惨遭屠杀，甚至尸体被残忍地堆成山，人头被砌成塔。

〔29〕 1548年，以波尔多为中心的法国西南部城乡民众掀起反抗收税吏及其代理人的斗争，起义民众高呼"打死盐税商"，把捉住的总督和收税吏处死，波尔多城市的政权也曾一度被起义民众所控制。起义失败后，起义民众遭到残酷报复。是年米歇尔·德·蒙田15岁。

〔30〕 用尖形的木桩把人刺穿致死，中世纪欧洲酷刑之一。

〔31〕 用刀斧将人砍成四块致死，中世纪欧洲酷刑之一。

〔32〕 指16世纪发生在法国的胡格诺内战。

〔33〕 指希特勒的纳粹党徒。

〔34〕 火焰法庭（Chambre Ardente），亦译火刑法庭，法国中世纪的一种

特别法庭，由法兰西王国瓦罗亚王朝的国王弗朗索瓦一世（François Ⅰ，1494—1547，旧译：法兰西斯一世）在位时期于1535年设立，用以审判被视为异端的新教徒，其名称来源，一说因法庭四周遮以黑布，仅以火焰照明，一说因法庭对被告多判处火焚。1562年至1594年法国胡格诺内战期间，火焰法庭的活动尤为猖獗。

〔35〕 在法国胡格诺内战期间，1572年8月，许多信奉新教的贵族因参加胡格诺派的领袖——那瓦尔王国的国王亨利·波旁（又称那瓦尔的亨利）的婚礼聚集在巴黎。信奉天主教的法兰西王国的国王亨利三世的母亲凯瑟琳·德·美第奇（新译：梅迪奇）太后和天主教集团的首领吉斯公爵密谋企图全部消灭这些胡格诺教徒。8月24日凌晨2点，在统一信号指挥下，开始对胡格诺教徒进行大屠杀。胡格诺派的另一首领——海军大将科利尼也被杀死。原先信奉新教的那瓦尔的国王亨利·波旁因答应改奉天主教才得以幸免。被杀害的新教徒约八千人，仅在巴黎就达两千。因8月24日是圣巴托罗缪节，故史称"圣巴托罗缪之夜"。

〔36〕 指天主教堂。

〔37〕 理查一世（RichardⅠ，1157—1199），英国金雀花王朝国王（1189—1199年在位），诨号"狮心王"（Lion-Hearted），天主教徒。

〔38〕 威廉一世（WilhelmⅠ，1028—1087），英国国王（1066—1087年在位），原是诺曼底大公，通过武力征服英国，建立起强大的王国，诨号"征服者"（der Eroberer），天主教徒。

〔39〕 参阅〔法〕米歇尔·德·蒙田著、马振骋译《蒙田全集》第3卷第12篇《话说相貌》，第272—302页。

〔40〕 艾蒂安·德·拉博埃西（Étienne de La Boétie，1530—1563），米歇尔·德·蒙田的挚友，比他年长三岁，出生于萨尔腊（Sarlat-la-Canede），离蒙田城堡约一百公里。当时两人都是波尔多市的议员。拉博埃西是一位杰出的人文主义学者，也是一位作家，天资聪颖，18岁时已写出一篇揭露暴政的随笔《自愿奴役》，以抨击苛政闻名，深得米歇尔·德·蒙田的敬佩和爱戴。

〔41〕 伊壁鸠鲁（Epikouros或Epicurus，公元前341—公元前270年），古希腊哲学家，公元前341年在希腊的萨摩斯（Samos）岛出生，准

确日期不详，18岁到雅典，修读于学园派的色诺克拉特，后赴外地教授哲学，35岁重返雅典，购置一座花园授徒讲学，伊壁鸠鲁反对唯心论，确认物质世界是唯一的实在，倡导"乐生哲学"，主张人生的目的在于求得感觉的快乐而避免痛苦；快乐就是善，就是幸福；认为如果没有爱好、爱情以及听觉和视觉的快乐，"善"便无从想象。但他并非提倡纵欲，而是要求理性地生活，即以有理性的思想抑制感官的诱惑，从而达到精神的安谧（ataraxia）状态。他本人自奉俭约、性格温和，约公元前270年在雅典去世，准确日期不详。其著作大部分失传，今尚存《论自然》（37卷）的片段和《学说纲要》。《蒙田随笔集》第三卷主要是探讨如何更好地生活，反映米歇尔·德·蒙田晚年时的伊壁鸠鲁思想。

〔42〕斯多葛派（Stoics），约公元前300年由（季蒂昂的）芝诺（Zeno）在雅典创立的哲学学派。在古希腊语中，Stoics的语义是"柱廊"，因该学派讲学场的周围有彩绘的柱廊，故名，也称"画廊派"。斯多葛派倡导广义的禁欲主义（不仅限于爱欲），通过内修与理性获得怡然自得的心态，不为外因所动。《蒙田随笔集》第一卷的主导思想是斯多葛派哲学，探讨伦理道德，对人性的种种形态进行冷峻的审视和研究，对生与死以及人类的野蛮与文明进行思考。

（季蒂昂的）芝诺（Zeno of Cittium，约公元前336—约公元前264年），古希腊哲学家，斯多葛派创始人。曾师事犬儒派的克拉底、麦加拉派的斯蒂尔波和学园派的色诺克拉特。他也受亚里士多德的影响。约公元前294年，他在雅典广场的彩色画长廊开办学校，创立新学派，即以"画廊派"为名，音译为斯多葛派。（季蒂昂的）芝诺注重自然哲学和伦理哲学的探讨，其终极目标在于达到美德。

〔43〕席勒（Johann Christoph Friedrich Schiller，1759—1805），德国著名诗人、剧作家。因剧作《强盗》和《阴谋与爱情》而成名。1793年后与歌德成为深交。这两位大诗人的结交为德国文学作出了巨大贡献。席勒的诗篇《欢乐颂》借助贝多芬第九交响曲（《合唱交响曲》）的音乐翅膀，驰名世界。席勒的剧作在中国先后译出的有：《威廉·退尔》《强盗》《阴谋与爱情》《斐爱斯柯》《唐·卡洛斯》等。

〔44〕乔治·戈登·拜伦（George Gordon Byron，1788—1824），英国诗人，

出身破落贵族家庭，勋爵爵位，代表作《恰尔德·哈罗尔德游记》（1823）。尔后拜伦参加希腊志士争取自由独立的武装斗争，因劳累过度，于1824年4月19日病死于希腊军中。拜伦反抗专制压迫，追求民主自由，诗路宽广，擅长讽刺。拜伦的诗篇和行动鼓舞了无数为自由和解放而斗争的志士们。

〔45〕1694年11月21日，18世纪法国启蒙运动领军人物、哲学家、历史学家、文学家伏尔泰（Voltaire，1694—1778）在巴黎出生。他原名弗朗索瓦·玛丽·阿鲁埃（François Marie Arouet）。伏尔泰是自然神论者，提倡对不同的宗教信仰采取宽容态度，终生与宗教偏见作斗争，但又认为宗教作为抑制人类情欲和恶习的手段是必要的。伏尔泰有《全集》100卷传世。1778年5月30日在巴黎去世。伏尔泰的哲学代表作是《哲学书简》（又名《英国书简》），宣扬英国资产阶级革命后的成就，抨击法国的专制政体。在他的文学作品中哲理小说获评价最高，哲理小说的代表作是《老实人》（Candide，1759）。小说的最后结论是：唯有劳动，日子才好过，并以"种咱们的园地要紧"的名言结束全书。小说试图以曲折的情节和生动的形象否定当时在欧洲流行的乐观主义哲学（莱布尼茨、波林勃洛克等人的信条），揭露当时欧洲社会专制统治的罪恶和教会的倒行逆施，启发人们的正义诉求。小说中的黄金国是启蒙主义者理想中的"理性王国"。小说以讽喻手段达到警世目的。

〔46〕歌德此处引用的"堡垒"原文是（Zitadelle），但暗喻人的心灵、人的内心世界、内心的自由、内在的自我。

〔47〕此处所说的"一个永远有现实意义的人"是指苏格拉底，斯蒂芬·茨威格说这句话，语带双关，既指苏格拉底，又指米歇尔·德·蒙田。在米歇尔·德·蒙田的精神世界中，他把古希腊哲人苏格拉底视为自己的人格楷模。有人统计过，在三卷《蒙田随笔集》中，苏格拉底这个名字总共出现过一百一十多次。参阅卢岚撰《蒙田，一个文学化的哲人》，载梁宗岱译《蒙田试笔》第10页。米歇尔·德·蒙田盛赞苏格拉底是："所有优秀品质皆十全十美的典范"，而苏格拉底最大的个性特点是"坚持自我""不为外部世界所左右""宁死不屈"。公元前469年（或公元前470年）苏格拉底

（Sokrates 或 Socrates）在雅典出生。准确日期不详。其父是雕刻匠，早年向父亲学艺，后弃而从事探索伦理哲学，坚持"认识自己"是人的第一要务，认为美德即知识，不重视文字撰述，注重面授，强调口传文化，首创问答教学方法，善辩。苏格拉底在政治上猛烈抨击雅典城邦的民主政体，尤其抨击雅典后期的激进民主派，因而被以安尼托（Anytus）为首的三十僭主于公元前399年在雅典借故杀害，命其服毒自尽。苏格拉底本人无著作，其言行主要见诸柏拉图的对话录，对柏拉图的思想有重大影响。故苏格拉底被视为西方哲学的先声。参阅本书第五章注〔3〕。

〔48〕 亨利四世（Henri Ⅳ, 1553—1610），原是那瓦尔王国的国王，故又名那瓦尔的亨利（Henri de Navarre）。他在任那瓦尔国王期间，于1577年封米歇尔·德·蒙田为侍臣。他又是法国波旁王朝第一代国王（1589—1610年在位），1598年颁布《南特敕令》，宣布天主教为国教，同时承认胡格诺教徒（新教徒）享有信教自由等权利，从而使法国在宗教内战之后重新繁荣。1610年5月，亨利四世被狂热的天主教徒拉瓦亚克（François Ravaillac, 1578—1610）刺死。参阅本书第八章注〔7〕。

〔49〕 指蒙田城堡。参阅本书《米歇尔·德·蒙田年谱》（以下简称《年谱》）1477年记事。

〔50〕 1571年，米歇尔·德·蒙田接受法兰西国王特使德·特朗（de Trans）侯爵授予的圣米迦勒骑士团骑士爵位。这是一个荣誉头衔。米歇尔·德·蒙田不是该骑士团的正式骑士。

〔51〕 米歇尔·德·蒙田先后两次任波尔多市市长。

〔52〕《哈姆雷特》（*Hamlet*）是莎士比亚于1601年创作的悲剧。丹麦王子哈姆雷特正在德国上大学，突然接到父王暴死的消息。等他赶回丹麦，叔父克劳狄斯（Claudis）已经篡夺了王位，母亲也匆匆地改嫁新王。尔后他从父王的鬼魂那里得知：父王是死于克劳狄斯的谋害。于是哈姆雷特决心为父复仇，并中止了自己和奥菲莉娅（Ophelia）的婚约，经过一番周折，哈姆雷特回到了丹麦。他在奥菲莉娅的墓地意外地遇到了奥菲莉娅的哥哥——雷欧提斯（Laerts），不久，哈姆雷特和雷欧提斯击剑角斗，哈姆雷特被雷欧提斯有毒的剑击中，

角斗时,叔父克劳狄斯也在场,但是,哈姆雷特没有把剑向叔父刺去,也没有把一杯致命的毒药灌进叔父的喉咙,倒是哈姆雷特的母亲葛特露(Gertrude)意外地喝了那杯毒药而死。那毒药原本是叔父克劳狄斯为哈姆雷特准备的。哈姆雷特是文艺复兴时期人文主义者的形象。在他的心目中,人是高贵的、值得赞美的,人的理性和力量足以和天神媲美。哈姆雷特有这样的台词:"人类是一件多么了不起的杰作!多么高贵的理性!多么伟大的力量!多么优美的仪表!多么文雅的举动!在行动上多么像一个天使!在智慧上多么像一个天神!宇宙的精华!万物的灵长!"所以,斯蒂芬·茨威格在此处说,莎士比亚是米歇尔·德·蒙田的学生。

〔53〕布鲁图斯(Marcus Junius Brutus,约公元前85—公元前42年),古罗马政治家,出身名门贵族,共和主义者,为反对恺撒独裁,恢复共和政体,策划刺杀了恺撒,旋逃往希腊,集结军队对抗安东尼和屋大维的联军,因战败遂自杀。这位古罗马的历史人物在后世的文学作品中被塑造为不同的艺术形象。但丁在《神曲》中将他视为叛徒;但在莎士比亚以反对权力集中为主题的戏剧《尤利乌斯·恺撒》中,他是一位悲剧英雄。

〔54〕普洛斯彼罗(Prospero),莎士比亚戏剧《暴风雨》中的主人公,他是米兰的大公爵,被弟弟安东尼奥篡位并遭到驱逐。普洛斯彼罗携带幼女米兰达逃往一个荒岛,他通过魔法掀起狂风暴雨,将弟弟安东尼奥——那不勒斯国王以及那不勒斯王子等所乘的船摄到荒岛,然后恢复了自己的爵位,但宽恕了安东尼奥,最后让王子同米兰达结了婚。他们一起回到意大利。全剧以宣扬容忍宽恕告终。莎士比亚在此剧中引用了米歇尔·德·蒙田的文句。

第二章 从平民到贵族

《随笔集》的作者能在自己的著作上写下这样一个令人自豪的作者名字——"蒙田领主米歇尔老爷"[1]并印上贵族的纹章,原来是花了一笔为数不多的钱——九百法郎的。因为在他的曾祖父于一四七七年十月十日用这笔钱从波尔多大主教那里买下蒙田城堡[2]以前,以及随后在他的孙子——米歇尔·德·蒙田的父亲——获得准许用这片领地的名称作为贵族头衔附加在自己姓氏之上以前,米歇尔·德·蒙田的祖先们是姓一个普普通通平民的姓——埃康。到了米歇尔·德·蒙田这一代,由于他对天下有既明智而又持怀疑态度的认识,他才知道有一个好听的姓氏在这个天下有多少好处,用他自己的话说:"要用一个发音方便和好记的姓。"于是,他在父亲去世之后从所有的羊皮纸文稿和证书中抹掉了以前的家族姓氏——埃康。今天,我们在世界文学史中不是在字母表的字母 E 底下去查阅米歇尔·埃康[3],而是在字母 M 底下去查阅米歇尔·德·蒙田,这只能归因于他的这样一番用心了。

数百年来,埃康家族在波尔多市就享有富家的好名声,当然也略微带着一点熏鱼的气味。埃康一家原本是从哪里来的呢？是不是从英国来的？米歇尔·德·蒙田声称，他曾发现在英国的一户名门望族是远房堂兄弟一辈的亲戚——可是在他的祖先的遗物中对此并未有十分可靠的佐证；或者埃康一家只是从周围某个地方迁移到波尔多来的？——但迄今对蒙田家谱的学术研究也并未对此探明究竟。能够证明的仅仅是：埃康一家在拉卢塞耶[4]这个小镇的海港区经营了几十年海运货栈，他们曾作为小本买卖的捎客把熏鱼、葡萄酒以及其他商品从货栈海运出去。而从贩卖熏鱼和其他杂货发迹，则起始于米歇尔·德·蒙田的曾祖父——拉蒙·埃康[5]。这位一四〇二年出生于梅多克地区布朗克福市的拉蒙·埃康早在作为海运货栈的老板时，就由于他的兢兢业业以及通过和一位波尔多市首富的女财产继承人联姻，为家族奠定了财产基础。拉蒙·埃康在他七十五岁时[6]做了一笔最明智的产业购置，即他从采邑领主——波尔多大主教那里购置了一处"贵族府邸"——蒙田城堡。按照当时的习俗，一座贵族城堡被一个普通市民接收，是要举行一次隆重的仪式的。于是，这位年迈的商人独自一人迈步通过巨大的正门走进城堡，粗大的横杆门闩在他身后又把大门紧紧关上。他缓步进入这座孤零零的城堡，接着是仆人们、佃户们、雇农们和垦殖者们一起向这位新老爷表示敬意和宣誓效忠。他的儿子格里蒙·埃康[7]比较安于现状，他仅仅满足于维持住父亲的遗产。他虽然也扩大了家产，却让这座古老的城堡一直处于半坍塌的状态而不去进一步操心。只是到了拉蒙·埃康的孙子——米歇尔·德·蒙田的父亲皮埃尔·埃康手里，才完成了使这个家族从市民阶层进入贵族阶层的决定性的一步。皮埃尔·埃康放弃了海运经纪人和鱼商的行业，选择了更有骑士精神的行当——从戎。他年轻时曾随国王弗朗索瓦一世[8]征战意大利。由于参加了在意大利的战争，作为对他忠诚效劳的最最期盼的报答是，他得到了"蒙田领主"这个贵族头衔。他在意大利参加战争期间还写了一部日记——可惜我们未能得到它。这位新贵族皮埃尔·埃康自觉地实现了他的祖父早先有过的理想——把旧的、半坍塌的蒙田城堡改建为气派非凡的领主庄园。于是，一座雄伟的、墙垣坚厚、配有塔楼和枪眼的蒙田城堡矗立在一大片良田中央。这些田地是这位勤劳能干的贵族老爷皮埃尔·埃康用无数次官司和无数次单独购置而获得的。从外表上看，蒙田城堡宛若一座堡垒，同时又是一处进行人文主义教育和体面大方接待宾客的地方。这位当时年纪轻轻的军人皮埃尔·埃康是在最美好的艺术繁荣之中看到了文艺复兴时期的意大利，因而内心深受教育，并且有了要继续提高家族文化教养的宏大意愿。他的祖先仅仅是对赚钱和盈利感兴趣，而到了他这一代，则更注重荣誉。蒙田领主皮埃尔·埃康为家族的大量藏书奠定了基础，他把文人学士、人文主义者和教授们请到自己家中，同时他也不疏忽对巨额财产和可观的地产进行管理。他把在和平时期为自己家乡的服务看作他身为贵族的职责，正如他以前在战争时期为国王效劳一样。他最初仅仅是波尔多市的一名行政官员和司库，也就是说，仅仅是市政府的一名执行委员，后来才被选为波尔多市的副市长、市长。他在波尔多市的忘我工作为自己赢得了人们对他的崇敬和怀念。米歇尔·德·蒙田曾深情地描述过这位患病的和疲惫不堪的父亲的献身精神："我记得，我在童年时就觉得他已经老了。他的心灵受到社会上诸多纷争的严重打击。他没有享受到自己家中温馨的氛围。在那样动荡的时代面前,他也许早已未老先衰了吧。看来,无论是他的居家环境还是他的健康状况都受到动乱时代的损害,而且他也一定厌倦那种他觉得已经不堪重负的生活。可是,为了波尔多城市的利益,他依然不辞辛劳地奔波。他的为人就是如此。诚然,他是以伟大的天生善良忍受着当时的一切处境。没有比他更乐善好施和更受人爱戴的了。"[9]

是米歇尔·德·蒙田的父亲皮埃尔·埃康完成了这个家族青云直上的第二步和倒数第二步[10]。埃康一家从只为了使自己和家族致富的小商人而成为波尔多市的首富,并且从埃康家族成为蒙田城堡的贵族之家。在整个佩里戈尔地区和居耶内地区[11],人们都是怀着敬畏说起这个家族的姓氏。不过,是皮埃尔·埃康的儿子——米歇尔·德·蒙田才使这个家族的名声达到顶峰。他成为莎士比亚的老师,成为法国两位国王的顾问,成为法语的光荣,成为人世间一切自由思想的守护神。正当米歇尔·德·蒙田的父亲这一边的家族从拉蒙·埃康经格里蒙·埃康到皮埃尔·埃康这样三代之内青云直上之际,米歇尔·德·蒙田的母亲那一边的家族也以同样的节律,用同样的坚韧不拔、远见和机智完成了他们自己的步步高升。米歇尔·德·蒙田的父亲——已被称为皮埃尔·蒙田老爷——在三十三岁时娶了维勒纳沃[12]地方的一位贵族小姐安托瓦妮特·德·卢普为妻。乍一看,这好像是两户古老的贵族之家的联姻。但是如果我们从那份言词美丽动听的婚约翻回到以前的羊皮纸文件和档案记录,那么我们就会发现,这户卢普·德·维勒纳沃的贵族之家和蒙田城堡这户贵族之家的历史竟同样只是一段短短的历史,而且为了经历卡萨诺瓦[13]式的冒险生涯，卢普家族擅自把原来的平民姓氏抹掉了，恰似埃康家族所做的一样。大约在米歇尔·德·蒙田出生之前一百年的时候，鱼商拉蒙·埃康迈出了家族发迹的第一步——从在社会上不受重视的市民阶层上升到贵族阶层，几乎与此同时，一个有钱的西班牙犹太人——萨拉戈萨[14]地方的莫舍·帕萨贡[15]也迈出了同样的一步——他通过接受基督教洗礼，使自己和那些受蔑视和排斥的人群分道扬镳。正如埃康家族竭力要为自己的子女们和后裔掩饰原来的出身一样，莫舍·帕萨贡在洗礼之后，给自己换了一个有贵族含义的西班牙名字——他把自己称为加西亚·洛佩斯·德·维勒纳沃[16]，而不再用原来的犹太人姓名。他的支系繁多的家族以后亲身经历了西班牙宗教裁判所年代的普遍遭遇。在这些新基督徒中，有一些人转换身份成功——他们成为宫廷中的顾问和向宫廷提供钱财的人。而另一些不太机警或者运气不太好的新基督徒则被作为马拉诺信徒[17]火焚致死。不过，这个家族中最最小心谨慎的人在机智方面一点都不亚于埃康家族的人，他们在宗教裁判所仔细审查他们高贵的基督教信仰之前就已及时地迁移出西班牙。这个家族的一部分人移居到了安特卫普并成为新教徒，另一部分信奉天主教的家人把自己的商行迁移到了波尔多和图卢兹。他们在那里完全法国化了，并为了继续掩饰自己的出身而自称卢普·德·维勒纳沃家族。在蒙田家族和维勒纳沃家族之间，或者更确切地说在埃康家族和帕萨贡家族之间有着各种各样的交易往来。最后一笔和对世人来说最成功的一笔交易是：皮埃尔·埃康在一五二八年一月十五日和安托瓦妮特·德·卢普结为夫妻[18]。女方为这桩婚姻带来一千金埃居[19]嫁妆。当米歇尔·德·蒙田后来把这笔嫁妆说成是比较微少时，人们大致能揣度，埃康家族当年该有多富！

米歇尔·德·蒙田和这位有犹太血统的母亲在同一个屋檐下共同生活了半个多世纪，而且母亲甚至活得比这个著名的儿子更长，然而米歇尔·德·蒙田在自己的著作和文稿中却对她只字未提。人们仅仅知道，母亲在自己的丈夫去世之前生了五个孩子，并且以她自己的——要比这个家族的其他人高出一倍的——勤俭管理着这个贵族之家，以至她能在自己的遗嘱中自豪地写道："谁都知道，我在皮埃尔·埃康家中的四十年时间里一直在我丈夫身边操劳，由于我的勤勉、关怀和主持家务，这个家族的财富增加了，社会地位提高了，这个家族变得更重要了。"[20]除此以外，我们对于她是一无所知。人们对在米歇尔·德·蒙田的全部著作中只字未提自己的母亲常常倾向于这样一种解释：尽管米歇尔·德·蒙田非常明智，但他却痴迷于不可救药的贵族的虚荣心——他要掩饰或者隐瞒自己有犹太人的血统。还有一个例子说明他的贵族的虚荣心：他在遗嘱中要求将他安葬在蒙田领地祖先们的墓地里。不过，实际上只有他父亲被安葬在蒙田领地。正如他只字未提自己的母亲一样，他也同样未曾在自己的著作中提到过自己的妻子或者自己的女儿——除了唯一的一次在献书题词中提到以外。米歇尔·德·蒙田的世界观是从古代希腊罗马文化中形成的，而在古代希腊罗马时代，在思想文化圈内是不提及女人的。因此，我们既不知道拉蒙·埃康的孙子——米歇尔·德·蒙田的父亲对莫舍·帕萨贡的孙女儿——米歇尔·德·蒙田的母亲是不是特别爱慕，也不知道是不是特别不喜欢。不管怎么说，米歇尔·德·蒙田的父系和母系是两股强大和有益的鼓舞力量:它们同时在家族发迹的金字塔顶端——米歇尔·德·蒙田身上竭尽所能。加斯科涅郡的鱼商们[21]和犹太经纪人们[22]之间对立的一切都在米歇尔·德·蒙田身上融合为一种新的、统一的和创造性的形式。要从这样一种完美的结合中区分出哪些应该归功于父系的血统,哪些应该归功于母系的血统,几乎是不可能的,如果不是人为地去制造的话。通过这样一种血统的混合,米歇尔·德·蒙田命中注定要成为一个中间派人物和一个承担义务的人,他会没有偏见地看到各个方面,他在任何意义上都不是一个头脑狭隘的人,他是一个自由的思想家和普世公民,他是一个讲思想自由和宽容的人,他不是某一个民族和某一个国家的儿子与公民,而是一个超越国家和时代的普世公民。

一个贵族的姓氏无意之中就含有那种要把这个姓氏保持住并世世代代传下去的意志。所以对第一个拥有"蒙田领主"这个头衔的人——皮埃尔·埃康(后称皮埃尔·德·蒙田)来说,当一五三三年二月的最后一天,在他此前失去了两个出生不久就夭折的女儿之后,期盼中的第一个儿子——我们的米歇尔·德·蒙田诞生之时,就是一次自豪的宣告:他——皮埃尔·德·蒙田——是一个未来著名家族的男祖先。从米歇尔·德·蒙田出生的那一刻起,父亲就将崇高的使命寄望于他。正如皮埃尔·埃康自己在教育、文化和社会地位方面超过了自己的父亲一样,皮埃尔·埃康的这个儿子也应该再度超过皮埃尔·埃康自己。于是,这名鱼商的孙子兼一名当年的军人皮埃尔·埃康在让-雅克·卢梭[23]之前二百五十年,在裴斯泰洛齐[24]之前三百年,在十六世纪中叶加斯科涅郡的一座偏僻的城堡里制定了教育自己儿子的计划——一项经他深思熟虑的计划。他把有学问的、具有人文主义思想的朋友们请来，和他们商量关于怎样从一开始就用人性和上流社会的思想把自己的儿子教育成为一个杰出人才的最佳方法。这样一种在那个时代确实令人惊愕不已的关怀，却在有些方面和最现代的见解相一致。最初的开始就让人吃惊。这个还在哺乳时期的孩子——米歇尔·德·蒙田刚一离开摇篮和母亲的怀抱，就被送到蒙田城堡之外最下层的人们那里去，即被送到属于蒙田领地的一个非常小的村落里的贫穷的伐木烧炭工那里去，而不是像王室和贵族大户人家通常做的那样，雇一名保姆到家里来。

父亲皮埃尔·德·蒙田不仅希望有意识地教育自己的儿子米歇尔·德·蒙田"俭朴和知足"，并锻炼他的体魄，而且要从一开始就用一种当时不甚明了的"民众化"让儿子"了解民众和那些需要我们帮助的人的生活条件"。也许皮埃尔·德·蒙田在自己被冠以贵族头衔之前身为一个市民的时候就愤懑地切身体会到特权人物的傲慢。所以他希望自己的儿子从一开始就不要觉得自己是"上层人物"的一分子，不要觉得自己是特权阶层的一员，而是希望米歇尔·德·蒙田很早"就学会更多地面向那些帮助自己的人，而不是竭力去迎合不爱搭理自己的人"。看来，米歇尔·德·蒙田在那间破旧的烧炭工的茅屋里所度过的那一段简朴和节俭生活的时间对他的身体起到了极好的作用。米歇尔·德·蒙田曾写道，在他还是一个孩子的时候，他就非常习惯那种简单的食物，结果是他一直偏爱"只吃农民习惯吃的食物——黑面包、猪油和大蒜，而不爱吃甜食、果酱和糕点"。米歇尔·德·蒙田一生都感谢自己的父亲，因为是父亲似乎毫无偏见地主张用母乳把他喂养大；而巴尔扎克直至自己去世之前都始终责怪自己的母亲，因为母亲把他送到一个近卫兵的家中去抚养直到他四岁，而不是把他留在自己身边。米歇尔·德·蒙田曾用这样的期待表示赞同父亲的这种善意的实验，他说："假如我有儿子的话，那么我希望他们能自愿经受这种我曾经有过的锻炼。"

诚然，当父亲三年以后把儿子重新接回到蒙田城堡时，生活的骤然转变可就更显著了。根据有学问的朋友们的建议，在身体变得结实之后就应该让心智变得灵活敏捷。年轻的米歇尔·德·蒙田一下子从贫民的生活过渡到人文主义者的生活，犹如从火炭转入冰雪。皮埃尔·德·蒙田从一开始就有这样的抱负：不把自己的儿子培养成纨绔子弟——这些人毫无人生目标，整天在赌博、饮酒和狩猎中消磨时光；也不把自己的儿子培养成仅仅是商人和赚钱的人。他的儿子应该努力进取，能跻身于最高层次的人群——这些人由于他们思想上的优势，由于他们的教育和文化，从而能在国王的参政会上驾驭时代的命运，并用自己的进谏左右事件。这些人的精神家园不是在狭隘的外省，而是在更为广阔的天下。而在那个盛行人文主义的世纪里，通往这个精神王国的钥匙，乃是拉丁文。于是父亲决定把这种神奇的语言工具尽早交到儿子米歇尔·德·蒙田的手中。在佩里戈尔地区这座偏僻的蒙田城堡里进行了一项十分稀奇古怪的实验。父亲不惜重金为米歇尔·德·蒙田请来一位德国学者，而且有意识地请来一位丝毫不懂法语的人，同时还雇了两名学问一点不差的帮手协助这位德国学者。在最最严厉的禁令下，他们只许和皮埃尔·德·蒙田的儿子说拉丁文而不许说别的语言。四岁的儿子米歇尔·德·蒙田最初学会的一些词汇和句子全都是拉丁文，并且为了防止儿子可能会同时学会母语法语，从而妨害他的拉丁文措辞风格的纯洁性和完美性，便在小米歇尔·德·蒙田的周围划了一个看不见的禁区：一旦父亲、母亲或者仆人们要告诉米歇尔·德·蒙田什么事情，那么他们必须事先让老师们教会自己记住要说的话该用哪些拉丁文的词汇和惯用语。于是，在蒙田城堡里出现了这种真正喜剧性的情景：全家人——父亲、母亲、仆人们和雇工们为了一项教育实验，为了一个四岁的孩子，不得不全都学习拉丁文。此事后来有了一个更可乐的结果：有些个别的拉丁文和拉丁文名字迅速传播到远近的邻村。通过这样的举措，所期望的结果总算容易地达到了：这位未来的法国随笔大师虽然在六岁时还不会说自己母语法语的一句话，然而他在没有书籍、没有语法和没有任何一种强迫——没有荆条和眼泪的情况下学会了说最纯粹和最完美的拉丁文。这种古代欧洲通用的官方书面文字就这样成了米歇尔·德·蒙田最初的"母语"，以至他在毕生的时间里几乎更喜欢阅读用拉丁文写的书籍，而不是用自己的母语法语写的书籍；而且在他害怕或者突然惊叫的时刻，脱口而出的是拉丁文词句，而不是法语词句。假若他在中年时不是处于人文主义衰落之际，那么他的《随笔集》真的很有可能会像伊拉斯谟的著作那样完全是用这种被重新激活的人为语言——拉丁文——写的。这样的话，法国也就失去了自己最有生命力和最卓越的作家之一了。不过，这种不用太费劲和不用教科书而似乎只是在闲散之中让自己的儿子学会拉丁文的方法——要让孩子丝毫不感到吃力地成才的方法,仅仅是考虑周全的教育总意图的一种效果;这种教育与那个时代用棍棒敲打和死板的规定来实施的严厉教育截然相反。这是一种根据一个人自己内心的爱好使自己发生兴趣和塑造自己的教育。那些有人文主义思想的参谋们向这位关怀备至的父亲皮埃尔·德·蒙田强调指出,要如此这般教育儿子——一如皮埃尔·德·蒙田所写:"父亲应该通过唤醒我的自由的意志,通过唤醒我自己的愿望来教会我对知识的鉴别力和对自己职责的鉴别力,而不是强迫;我的心智应该在完全的自由之中非常徐缓地提升,而不应该强硬拔高,不应该有反常的压力。"

这种对自己个人意志的有意识培养在佩里戈尔这座不同寻常的蒙田城堡里进行到了何种程度,下面这个可乐的细节可资证明。由于家庭教师中有一位曾公开表达过这样的看法——"如果人们在早晨突然并强行把孩子从睡眠中唤醒,这对孩子娇嫩的大脑是有害的",于是便想出一种对孩子的神经即便是微乎其微的惊动也要避免的方法:每天用音乐唤醒躺在自己儿童小床里的米歇尔·德·蒙田。让吹奏笛子的人或者拉小提琴的艺术家伫候在这张儿童床周围,直至给他们发出信号:用音乐的旋律轻轻地把睡着的小米歇尔从睡梦中唤醒。只不过,如此温柔的方法却要用最严格的细心和认真遵守。米歇尔·德·蒙田写道:"我没有片刻时间无人伺候。"没有一个波旁王朝国王[25]的儿子、没有一个哈布斯堡皇朝[26]皇帝的后裔像这一个加斯科涅郡的鱼商和犹太经纪人的共同的孙子米歇尔·德·蒙田似的得到过如此体贴入微的培养。

对一个孩子什么都不禁止,让他的爱好自由发展——

这是一种非常个性化的教育,是一种实验,甚至是一种不是没有风险的实验。米歇尔·德·蒙田从未遇到过有人说"不",也不必遵守什么规矩——这样的宠爱很可能会让孩子变得任性和培养出根深蒂固的坏习惯。米歇尔·德·蒙田自己后来承认,如果这样一种养尊处优、体贴入微的教育在他身上起到了好的作用,他必须感谢那是一种幸运。米歇尔·德·蒙田写道:"如果说,我今天能成为一个相当合乎礼俗的人,那么我想说,这在某种程度上并不是由于我对自己的苛求,而是由于我的天性和运道好。假如我天生有一种相当懒散的素质,那么结果就恐怕相当令人忧虑了。"当然,在他身上毕生都能感觉到这样一种教育的某些痕迹:从好的方面说,主要是米歇尔·德·蒙田顽强抗拒顺从任何权威和抗拒屈从一种纪律;从不好的方面说,米歇尔·德·蒙田的意志力有某种衰退。这样的童年使他在以后的所有岁月中养成了一种不好的习惯:尽可能躲避任何一种非常伤脑筋的事情——躲避一切困难的事情,躲避一切要按照规定办的事情,躲避一切要承担责任的事情,并且总是只听凭自己的意志,听凭自己的情绪。他常常抱怨自己:他身上的那种柔弱和无忧无虑很可能发端于童年的那些岁月。但与此同时,他又具有一种不折不挠的意志:始终保持自己的自由,而且永远不盲从一种自己不了解的说法。如果他后来可以自豪地说"我拥有一颗完全属于自己的自由的心,并且习惯于心里喜欢干什么就干什么"[27],这一点他应该感谢自己父亲的慈爱。因为谁曾作为一个未成年人就在无意之中感受到了自由的快乐和惬意,那么谁就将再也不会忘记自由和意愿而失去自由了。

如此宽容的教育方法对米歇尔·德·蒙田的心智独特发展而言，虽然是一种决定性的幸运，但是，这种教育方法的及时结束，对米歇尔·德·蒙田来说也是一种幸运——因为要珍惜自由，也就必须知道强迫。米歇尔·德·蒙田在六岁时被送入波尔多市的居耶内学堂读书。不久，他就大大领教了那种强迫式的教育。他在那里上学到十三岁。波尔多城里最有钱的人家和市长[28]的这个儿子在学堂里并未受到非常严厉的对待和苛求，他唯一的一次挨荆条鞭子也是"相当轻的"。但是他遇到的训导实在是一种僵化呆板的训导——这种训导专横地把种种观念强加给这个学生，却不问一问这个学生自己的观念是什么。他第一次不得不按照规定学习，而这个已习惯于"按照自己的意愿"学习的孩子却本能和下意识地抗拒这种强加于自己的极其死板的知识。米歇尔·德·蒙田抱怨说："教师们总是对着我们的耳朵大声吼叫，好像他们要把知识灌进听筒里去似的，而我们要做的事情仅仅是重复他们对我们说过的话。"教师们不是在学生们心中有效地形成学生们自己的看法，而是灌输死教材。米歇尔·德·蒙田说，"我们所做的事情只不过是死记硬背"，并愤然问道，"纵使我们给自己填满一肚子肉，如果我们不能消化，不能使之变成我们自己身上的肉，不能因此而变得强壮，那么这一肚子肉对我们又有什么用呢？"使他恼火的是，学堂里的学究们让他学习各种史实的细节、各种数字、各种定律和各种理论体系，并要求他强行记住脱离实际的书本知识——"纯粹为了炫耀的书本知识"。教师们还把那样一些学生——他们最愿意死记硬背并把教师们事先说过的话背得滚瓜烂熟的学生——宣布为最好的学生。当时人们把那所学校的校长称作迂夫子,并非没有道理。因为恰恰是所接受的书本知识过多,从而扼杀了个人独立认识世界的能力。米歇尔·德·蒙田写道:"正如植物进水太多就会死去、灯盏的油太多就会熄灭一样,我们的思想活动也会受到过量的学习和过量的教材的影响。"接受过多的书本知识只是加重了记忆的负担,而不是对心智真正起作用。米歇尔·德·蒙田说:"死记硬背并不意味着我们懂得了什么,而仅仅意味着我们记住了什么。"米歇尔·德·蒙田认为,记住李维[29]和普卢塔克[30]著作中迦太基王国进行坎尼[31]战役的日期并不重要,重要的是要了解大西庇阿[32]和汉尼拔[33]的性格;重要的并不是冷峻的历史事实,而是事实背后人性的内涵、心灵的内涵。而米歇尔·德·蒙田的学堂老师们只知道把定律和事实细节填鸭式地灌输给他,所以米歇尔·德·蒙田在进入成熟的中年之后,给自己当年的老师们打了一个不好的分数,但同时也是给他们上了很好的一课。米歇尔·德·蒙田说:"我们的教师应该依据一个学生在生活中的实际表现来判断他学到了什么,而不是凭一个学生的单纯记忆来判断他学到了什么。应该让一个年轻人自己去鉴定和筛选他读过的一切,而不应该让他仅仅出于完全信赖或者出于相信权威去接受任何说教。恰恰应该是把最不相同的看法展示在他面前,如果他有能力,他就会做出自己的选择;如果他没有能力,他就会一直处于怀疑之中。但是,如果谁只是一味地听从别人的话,那么这个人寻思的不是问题本身,而且也找不到问题之所在,甚至可以说,这个人根本不是在找问题。"虽然在米歇尔·德·蒙田当年的老师中间也有杰出的甚至著名的人文主义者,可是那些优秀的老师们却不能把这样一种提倡思想自由的教育给予这个有自己想法的男孩米歇尔·德·蒙田。所以说,米歇尔·德·蒙田不是怀着感激的心情告别那所学堂,而是以离开那所学堂了事。米歇尔·德·蒙田说:"没有一件我现在还能算作是成绩的事。"正如米歇尔·德·蒙田对他的老师们不满意一样,那些老师们也很可能对自己的这个学生米歇尔·德·蒙田不特别满意,因为除了那种内心的抗拒——抗拒任何脱离实际的书本知识,抗拒课堂上的知识、抗拒死记硬背的知识,抗拒任何的强迫、抗拒任何的纪律和规章,此外,米歇尔·德·蒙田还缺乏一种敏捷和灵活的悟性。正如他的其他许多优秀禀性一样,他的才气横溢的天资是在青春期以后才苏醒的。而在他身体发育的那个年龄阶段,他后来具备的那种如此清醒、机敏和好奇的思想却令人不解地还被束缚在浑浑噩噩之中。某种惰性还依附在他身上。米歇尔·德·蒙田说:"我虽然身体很健康,而且按照我的禀性,我总是那么温顺和随和,但那时候的我却是慢慢腾腾、松松垮垮、磨磨蹭蹭的,人们简直无法把我从懒散中拽出来,即便人们要把我带出去玩,也很难做到。"[34]他虽然已具备了敏锐的观察能力,但仿佛还只处于潜在状态,并且是在十分难得的时刻才显露这种观察能力。米歇尔·德·蒙田说:"凡是我看到的,我都会好好观察;但由于那种木讷的禀性,因而在我心中不会产生那些大胆的、远远超过我的年龄的想法和观点。"[35]然而在那难得的时刻所进行的观察仅仅只对他的内心产生影响,几乎不会让老师们察觉;米歇尔·德·蒙田也从不因此去责备老师们从前低估了他;

米歇尔·德·蒙田反而给自己的青年时代作了这样丝毫不留情面的鉴定:"我的思维是迟钝的,仅仅只能做到:人们把我的思维鞭策到多远,我的思维就前进到多远。我的思维能力是后来才发展起来的;而在当年,我的想象力相当贫乏;更主要的是,我的记忆力难以置信地差。"[36]话又说回来,没有人会比那些有天赋的人更觉得上那所居耶内学堂是一种痛苦——那所学堂用枯燥乏味的方法不可能发掘和发挥出学生们的天赋和才华并使之结成硕果。如果说,米歇尔·德·蒙田有幸逃脱囚禁我们青年一代的思想牢笼,那只是因为他像其他青年人一样找到了默默的帮助者和安慰者:教科书以外的文豪们的著作。这种情况巴尔扎克在他的小说《路易·朗贝尔》[37]中作过出色的描述,在他之前和以后也有无数人描述过。正如路易·朗贝尔一样,米歇尔·德·蒙田一旦陷入如痴若狂的随意读书就不能自拔。年轻的米歇尔·德·蒙田满腔热情地阅读拉丁文著作:奥维德[38]的《变形记》、维吉尔[39]的《埃涅阿斯纪》、泰伦斯[40]和普劳图斯[41]的戏剧。而拉丁文原本就是米歇尔·德·蒙田最早的"母语"。他的娴熟的拉丁文以及他对古典作品的理解使得这位在学堂里懒懒散散的差学生以令人惊奇的方式重新赢得了好评。他的老师中有一位是乔治·布坎南[42]——此人后来在研究苏格兰历史方面起过重要作用。乔治·布坎南在当时是一位备受推崇的拉丁文悲剧作家。米歇尔·德·蒙田非常幸运地扮演了布坎南创作的悲剧以及其他拉丁文悲剧[43]中的角色,在居耶内学堂的演出中登台表演。米歇尔·德·蒙田凭着自己的嗓音转调能力和早就十分纯熟的拉丁文胜过所有其他演员。对这个很难教育的人的教育表面上是在他十三岁时结束的。从此以后，米歇尔·德·蒙田就毕生自己给自己当老师和自己做自己的学生了。

米歇尔·德·蒙田离开居耶内学堂后，在他到图卢兹或者也许到巴黎去上大学研读法律以前待在父亲家中的一段时间，对这位十三岁的少年来说似乎是休养将息的时间。但不管怎么说，米歇尔·德·蒙田认为自己的发育成长阶段在他二十岁时就已告结束。他写道："我认为，我们的心智在二十岁时已经定型，而且到了二十岁的年头，心智中所有的天赋素质均已露出端倪……至于说到我自己，肯定的一点是，从二十岁那一刻起，无论是我的智力还是身体，都已开始渐渐走下坡路了。"[44]

米歇尔·德·蒙田没有为我们留下一张反映他当初精神焕发和充满活力的年代的肖像。然而，米歇尔·德·蒙田一生中却一再津津乐道、抓住特点和非常细致地描写自己，以至我们从相信他的诚实出发，有充分的理由对他的容貌进行一番想象。米歇尔·德·蒙田的身材像他父亲一样非常矮小，他自己觉得这是他的不足之处并为之抱怨，因为这种比中等身材还要矮几分的身材一方面使他格外引人注目，另一方面也减少了他的举止的威严。但是，除此以外，也有足够的优点使这位年轻的贵族看上去相当漂亮：身体结实健康，鹅蛋形的脸庞十分秀气——线条轮廓都显得匀称好看，高高的额头、细弯的秀美双眉、挺直的高鼻梁、红润的嘴唇、栗褐色的上髭，下须好像蓄意要把嘴巴暗自隐蔽起来似的。深邃的目光使得眼睛炯炯有神——很可能年轻时还没有后来的画像所显示的那种略带忧郁的眼神呢。据米歇尔·德·蒙田自己说，按照他的禀性，他并不总是活跃欢快，而始终是安安静静和沉着稳健。在他身上缺乏那种骑士精神的好品质——精力充沛、爱好运动和比赛。他的父亲身体敏捷和充满活力，但米歇尔·德·蒙田却不是这样。他的父亲六十岁时还能光用拇指做俯卧撑，还能跳跃过一张桌子，还能在暴风雨中一步三级地在蒙田城堡的台阶上登高。米歇尔·德·蒙田说："我从来都不是灵活敏捷的……从来没有人能在音乐、唱歌或者演奏乐器方面教会我些什么；我在这方面没有天分；我在跳舞、打球或者摔跤方面从未超过一般水平；而在游泳、跨越障碍或者跳远和击剑方面，我则是完全不会。我的手指非常不灵活，以致我无法看懂我自己写的文字竟达到这样的程度：我宁可把潦草写上去的文字再写一遍，而不愿费好大的劲儿去辨认潦潦草草写的是什么……我从来不能折叠出一个像样的信封；我也很可能从未削过一支羽毛笔或者把桌子整理得井然有序；我也不会给骑的马安上鞍辔或者放飞一只鹰；我不知道该怎样对待狗、鸟类和马匹。"他除了在女人身上感到乐趣以外，他把自己的兴趣更多地放在社交上——根据他自己的陈述，从他很小的时候起，女人对他诱惑的程度最大。由于他特别富于幻想，因此他很容易明白一切。他不是一个讲究穿着打扮的人，他承认，由于天性的爱好，他的穿着相当随便。他是属于那样一种人：一旦穿上华丽的服装，体形就显得寒酸。他寻找社交、寻找志同道合的人，而他的真正兴趣是要和他们讨论，但讨论似乎是作为正反双方辩论的娱乐性比赛，并不是出于好争论的癖好和发牢骚。米歇尔·德·蒙田血缘中的那种加斯科涅人的热血有时会促使他激情勃发，而米歇尔·德·蒙田天生的、头脑清楚的理智从一开始就控制着这种血气方刚。任何野蛮的行为都会使米歇尔·德·蒙田惊愕。任何残忍的行为都会使米歇尔·德·蒙田厌恶。只要一看到别人遭受痛苦,米歇尔·德·蒙田就会觉得自己的肉体受到了折磨。年轻的米歇尔·德·蒙田在他学习到各种格言和自己想出各种格言以前,他只有一种本能的智慧:热爱生命和热爱生命中的自我。在他心中还没有任何已经确定的理念——没有可以看得到的追求目标,没有清楚地或者突出地显露出他的天赋。这个二十岁的年轻人只是用自己好奇的眼睛犹豫不决地和急切地看着这个天下,看看这个天下会给他一些什么,看看他自己能给这个天下一些什么。

注 释

〔1〕 斯蒂芬·茨威格的《蒙田》德语原著第二章只有序号没有标题,本书第二章标题系由本书中译者所加。斯蒂芬·茨威格在此处所用的原文是 Michel Sieur de Montaigne,其中 Sieur 的词义是"老爷",但在 1595 年版《蒙田随笔集》上的正式书名和署名是 LES ESSAIS DE MICHEL SEIGNEVR DE MONTAIGNE,其中 seignevr 的词义是"领主"。

〔2〕 参阅本书《米歇尔·德·蒙田年谱》1477 年记事。

〔3〕 米歇尔·德·蒙田(Michel de Montaigne,1533—1592)原名是 Michel Eyquem,其中 Michel 是名,Eyquem 是姓,按照法国人的习惯,应先查姓的字母顺序,所以是在字母 E 底下查,后来更名为米歇尔·德·蒙田,但 Montaigne 不是姓,而是城堡的名字,所以应在字母 M 底下查 Michel。

〔4〕 拉卢塞耶(La Rousselle),靠近英吉利海峡的法国海港小镇,米歇尔·德·蒙田的祖辈在此小镇经营了几十年的海运货栈。参阅本书《米歇尔·德·蒙田年谱》1402 年记事。

〔5〕 曾祖父拉蒙·埃康(Ramon Eyquem,1402—1478)于 1450 年和波尔多市巨富的女继承人伊莎博·德·费莱涅(Ysabeau de Ferraignes)联姻。参阅本书《米歇尔·德·蒙田年谱》1402 年记事。

〔6〕 参阅本书《米歇尔·德·蒙田年谱》1477 年记事。

〔7〕 格里蒙·埃康(Grimon Eyquem)是米歇尔·德·蒙田的祖父,出生日期不详,卒于 1518 年或 1519 年,享年 69 岁。他自 1485 年起任波尔多市的市政官,1503 年他是该市负责司法的行政官,1490 年娶出身富商的让娜·迪富尔(Jeanne du Four)为妻。

〔8〕 弗朗索瓦一世,法国瓦罗亚王朝国王(1515—1547 年在位),1494—1559 年进行对意大利的战争,1515 年取得马林雅诺之战的胜利,占领米兰。后与神圣罗马帝国皇帝卡尔五世(Karl Ⅴ,1500—1558)四

度交战。1525 年在位于意大利北部的帕维亚（Pavia）战役中失败被俘。次年与卡尔五世签订《马德里和约》。获释归国后，即宣布毁约。于是战事再起。1544 年，卡尔五世率军攻入法国，被迫再度议和。

〔9〕 参阅斯特洛夫斯基编《蒙田及其公私生活》（Strowski：*Montaigne, Sa vie publique et privée*. Paris, 1938）第 16 页。——斯蒂芬·茨威格注

〔10〕 在斯蒂芬·茨威格看来，蒙田家族青云直上的第一步是由曾祖父拉蒙·埃康完成，第二步是由父亲皮埃尔·埃康完成，第三步也是最后一步是由米歇尔·德·蒙田完成。蒙田的祖父格里蒙·埃康（Grimon Eyquem）业绩平平。

〔11〕 佩里戈尔地区是蒙田城堡所在地。居耶内地区是波尔多市所在地。

〔12〕 维勒纳沃（Villeneuve），法国一地名。

〔13〕 卡萨诺瓦（Giovanni Jacopo Casanova, 1725—1798），意大利冒险家和作家，当过谍报人员和外交官，主要著作是自传《我的生平》，记述他的冒险经历，反映 18 世纪欧洲社会风貌。

〔14〕 萨拉戈萨（Saragossa），西班牙一地名。

〔15〕 莫舍·帕萨贡（Mosche Paçagon），米歇尔·德·蒙田母亲的曾祖父原来的西班牙姓名。

〔16〕 加西亚·洛佩斯·德·维勒纳沃的西班牙语原文是 Garcia Lopez de Villanuova。

〔17〕 马拉诺信徒的西班牙语原文是 Marannen，指 16、17 世纪时在西班牙和葡萄牙境内被迫改信基督教而暗地里依然信奉原来宗教的犹太人或摩尔人。

〔18〕 米歇尔·德·蒙田的母亲的法语名字是安托瓦妮特·德·卢普（Antoinette de Louppes）

〔19〕 金埃居，原文 Goldécus；埃居（écu）是法国古代钱币名。

〔20〕 参阅斯特洛夫斯基编《蒙田及其公私生活》第 27 页。——斯蒂芬·茨威格注

〔21〕 指米歇尔·德·蒙田的父系祖辈，蒙田城堡属于法国行政区加斯科涅郡。

〔22〕 指米歇尔·德·蒙田的母系祖辈。

〔23〕 让-雅克·卢梭（Jean-Jacques Rousseaux, 1712—1778），出生于

日内瓦的法国启蒙思想家、文学家,也是教育思想家,他在教育小说《爱弥儿》中详尽阐述了关于培养"自然人"的教育思想。参阅本书第五章注〔11〕。

〔24〕 约翰·海因里希·裴斯泰洛齐(Johann Heinrich Pestalozzi, 1746—1827),瑞士教育思想家,认为教育的目的在于全面和谐地发展人的天赋能力,主要著作有《隐士夕话》,教育小说《伦纳德和格特鲁德》等。

〔25〕 波旁王朝(Bourbons),自 16 世纪后半叶至 20 世纪上半叶,曾在不同时期统治过法国、西班牙、那不勒斯王国和帕尔马公国(Parma,位于意大利北部)的、由波旁家族建立的王朝。1589—1792 年,波旁王朝统治法国。1814 年在法国再度复辟。1830 年法国的七月革命最终结束了波旁王朝在法国的统治。

〔26〕 哈布斯堡皇朝(Habsburg),由哈布斯堡(在今瑞士北部)的伯爵鲁道尔夫一世建立的皇朝,从 13 世纪下半叶至 20 世纪初曾统治过神圣罗马帝国、西班牙、奥地利、奥匈帝国等。随着第一次世界大战结束,奥匈帝国崩溃,该皇朝结束。

〔27〕 斯蒂芬·茨威格在其所著《蒙田》一书中引用的米歇尔·德·蒙田的语录除引自斯特洛夫斯基编《蒙田及其公私生活》外,还引自马尔文·洛文塔尔编《米歇尔·德·蒙田自传》一书(Marvin Lowenthal:› *The Autobiography of Michel de Montaigne*‹, Boston, New York, Houghton, 1935)。——德语原版书编者注

〔28〕 米歇尔·德·蒙田的父亲于 1536 年任波尔多市副市长,1554—1556 年任市长。

〔29〕 李维(Titus Livius,约公元前 59—公元 17 年),古罗马历史学家,主要著作有《罗马建城以来的历史》(简称《罗马史》),叙述罗马帝国的历史至公元前 9 年。

〔30〕 普卢塔克(Plutarch 或希腊语 Plutarchos,约公元 46—约公元 120 年),罗马帝国时期希腊伦理学家、传记作家和随笔作家,其父为传记作家和哲学家,幼承庭训,后游学雅典,受业于名师,研习修辞、数学、哲学、医学、历史等,游历名城,搜集史料,据说,曾先后为罗马帝国皇帝图拉真和哈德良讲课,后回希腊从事著述,据其子

所辑书目，达 227 篇之多，其中大部分散佚，传世之作由后人辑为两集：《希腊罗马名人比较列传》（如《亚历山大大帝与恺撒》）和《道德论集》。

〔31〕 坎尼（Cannae，今意大利东南部城市），古城名，公元前 216 年罗马帝国和迦太基王国（在今北非）进行第二次布匿战争，迦太基统帅汉尼拔和罗马帝国决战于此，击溃罗马帝国军队。

〔32〕 西庇阿，此处是指大西庇阿（Publius Cornelius Scipio Africanus，公元前 237—公元前 183 年），古罗马统帅，在第二次布匿战争中参加坎尼战役，幸免于难，公元前 202 年在扎马战役中击败汉尼拔。

〔33〕 汉尼拔（Hannibal，约公元前 247—约公元前 183 年），迦太基统帅，公元前 216 年在坎尼战役中大胜罗马帝国军队；但公元前 202 年在扎马战役中终于被罗马军队击败。

〔34〕 参阅斯特洛夫斯基编《蒙田及其公私生活》第 35 页。——斯蒂芬·茨威格注

〔35〕 同上。

〔36〕 同上。

〔37〕 《路易·朗贝尔》是巴尔扎克《人间喜剧》"哲学研究"部分中的一篇小说，主人公路易·朗贝尔嗜书如命。

〔38〕 奥维德（Ovid 或 Ovidius，公元前 43—公元前 17 年），古罗马诗人。少时在罗马和雅典研习修辞和法学，后又去西西里岛和近东游历。早年表现出诗才，受罗马社会放荡生活影响，作品有颓废淫乱情调。《恋歌》（Amor 或 Amores）是其前期成名之作，还有《爱的艺术》（一译《爱经》），露骨描述男女性爱，触怒奥古斯都皇帝。在后世传诵最广的是《变形记》（Metamorphosen），以古典神话为题材。后来不知出于什么原因被放逐。写出《哀歌》《里海书简》，曾恳请奥古斯都予以宽恕，终未如愿，最后客死他乡。

〔39〕 维吉尔（Virgil，公元前 70—公元前 19 年），古罗马诗人，早年在米兰、罗马就学，研习修辞学和伊壁鸠鲁派哲学，古罗马"前三巨头"内战时期，家产被没收，尔后得到屋大维（罗马帝国奥古斯都皇帝）赏识，在那不勒斯置一庭园写作，是罗马帝国初年宫廷诗人，作品有《埃涅阿斯纪》（Aeneis），又名《伊尼德》（Äneide），共 12

卷，将古代神话和自己的遐想相结合，把古罗马帝国的帝系上溯到神的苗裔，费时 11 年而成，据说，维吉尔病逝前欲焚毁《伊尼德》，因奥古斯都阻止而作罢，乃得以传世。维吉尔的其他作品有《牧歌》、《田功诗》(*Georgica*)，描述农事（耕种、园圃、畜牧、养蜂等）。

〔40〕 泰伦斯（Terenz，原名 Publius Terentius Afer，约公元前 185 年前后或公元前 195 年前后—公元前 159 年），古罗马喜剧作家。

〔41〕 普劳图斯（Titus Maccius Plautus，约公元前 250—公元前 184 年），古罗马喜剧作家。

〔42〕 乔治·布坎南（George Buchanan，1506—1582），苏格兰人文主义者和历史学家，著有《苏格兰历史》。

〔43〕 其他拉丁文悲剧是指当时盖朗特和穆瑞的拉丁文悲剧。

〔44〕 在 16 世纪的法国乃至欧洲，40 岁的人就已经自认为老了，这并非是一种病态心理，而是他们已经体验到了被心理学家称之为"认可的自弃"心理，他们已发觉来年之有限，感到生命末日的危机，并且常常有他们的理由。米歇尔·德·蒙田于 1570 年隐退故里，年仅 38 岁，却这样描写自己的形象："不惑之年已过，已入垂暮之秋"，他的心态完全像现代六十多岁的老人。米歇尔·德·蒙田虽然在 1570 年以后又活了 22 年，但他的挚友拉博埃西却在 1563 年就逝世了，享年仅 33 岁。所以，米歇尔·德·蒙田觉得，20 岁是人的生命发展的顶端和转折点，从此人生就开始走下坡路了。

第三章　载入史册的蒙田

一五六八年，父亲皮埃尔·德·蒙田去世，这是米歇尔·德·蒙田一生中具有决定性意义的日期，因为此前他是和父亲、母亲、妻子和兄弟姐妹一起住在蒙田城堡里——他曾略带强调语气地把这座城堡称作是他的"祖先们的城堡"，因而他对财产、家事和庄园的经营一概不关心[1]。可是，由于父亲的去世，他就成了蒙田城堡的继承人，甚至可以说是一位富裕的继承人。米歇尔·德·蒙田作为长子，他得到了贵族头衔和一万里弗赫[2]的地租。不过，他却要为此对带来陪嫁的母亲做出补偿，而且还必须挑起责任的负担。作为一家之主，他要对自己的一言一行负责——尽管只是出于无奈。他要承担起一切职责：料理成百件小事和管好每天的结算，或者至少要进行检查。对米歇尔·德·蒙田来说，没有比一板一眼的工作更令他反感的了，从事这样的工作必须要有责任感，要有耐性和细心，要持之以恒——也就是说，要完全具备办事有条不紊的好品质。米歇尔·德·蒙田实事求是地承认，他在中年以前很少关心家务。这位主人现在却要管理财物、田地、树林、草场和葡萄园，但他坦率地承认，如果区别不是特别一目了然，他既不能在田地里也不能在仓库里分辨出是哪种谷粒。米歇尔·德·蒙田说:"我几乎不知道,在我的菜园里种的是卷心菜呢还是生菜。我从不知道在我的农庄里那些最最重要的器具的名称是什么,我也不知道最最基本的农活;任何一个孩子都知道的事情,我却不知道;……每个月都逃脱不了被别人揭底:有人会当场发现,我根本不知道发酵面肥在烤面包时起什么作用;或者有人会发现,我根本不知道,他们在大桶里搅拌葡萄究竟会发生什么变化。"[3]

正如不谙农事一样,这位新的大庄园主也不适宜待在他的庄园的公事房里。米歇尔·德·蒙田说:"我从来不能强令自己把契约从头至尾读完或者强令自己从头至尾审核完协议书,而这些文件原本是一定要经过我的手的,而且必须由我进行审核。这倒不是出于在理念上对世俗琐事的轻视……不是,真实的情况是,这是一种不可原谅的、孩子似的偷懒和漫不经心。我更愿意做别的一切事情,就是不愿意从头至尾地读契约。"[4]

遗产归米歇尔·德·蒙田所有,就这件事本身而言,米歇尔·德·蒙田是欢迎的,因为为了保障他内心的独立,米歇尔·德·蒙田喜欢拥有自己的财产。然而,他只愿意拥有财产,却不愿意用这笔财产去创造出些什么。米歇尔·德·蒙田说:"在我的经营中,我最喜欢始终有人向我隐瞒我自己的损失,或者始终向我隐瞒其中的各种争执。"

当他的女儿刚一降世,他就已经梦想着能有一个女婿替他接手这一切工作和替他操心。正如他自己所说,他最愿意自己"根本不知道他拥有多少财产",这样的话,他在遇到损失时就会少生点气。他从事经营管理的意愿像他从事政治和做别的世间工作一样：偶尔做做。如果他恰巧对此事有了兴趣的话，那么他就顺便做做，但不是完全投入。他认识到，财产是每天每时每刻都要去捍卫的危险礼物。米歇尔·德·蒙田曾说："要是我能用我现在的生活去换取一种更简单、不是如此忙忙碌碌的生活的话，我会一直感到非常满意。"

为了较容易地挑起压在他肩上的金钱重担，米歇尔·德·蒙田决定摆脱另一种负担——追求名望。他父亲的荣誉感曾把米歇尔·德·蒙田推入公众生活之中，米歇尔·德·蒙田在高级法院的初级法庭担任陪审法官大约有十五年时间，而且在他自己的法官生涯中没有青云直上。不过，米歇尔·德·蒙田对担任法官的人生经历提出质疑，是在他父亲去世之后。在米歇尔·德·蒙田长期担任预审法庭的第十名推事之后，有人提议把他晋升入大法庭。可是大法庭在一五六九年十一月十四日否决了这项提案，理由是米歇尔·德·蒙田的岳父是大法庭的庭长，而且已经有米歇尔·德·蒙田的妻子的一位哥哥担任了大法庭的参议。这项决定看似对米歇尔·德·蒙田不利，但从更深一层的意义上讲，则又有利于他，因为米歇尔·德·蒙田由于这项决定就有理由或者说有了借口告别为公众服务。他撂下了法院推事的职位，或者更确切地说，他鬻去了这个职位，并且从这一天起，他只会更多地按照自己的意愿去为公众服务，即偶尔为公众服务，如果有一项特殊使命使他感兴趣的话。米歇尔·德·蒙田毅然决然隐退到自己的私人生活之中，是否也有不为人知的原因呢？——难以揣测。但不管怎么说，想必米歇尔·德·蒙田已感觉到了：时代将会逼着他去作出抉择，而米歇尔·德·蒙田是最不喜欢作出任何抉择的人。社会的氛围又重新变得紧张起来，新教徒又拿起了武器，离"圣巴托罗缪之夜"已经不远了。米歇尔·德·蒙田对自己的政治使命只是从和解与宽容的意义上去看待——这源自他的挚友拉博埃西的思想。按照米歇尔·德·蒙田的秉性，他是天生的宗派之间的调解者；而且他为国家服务的真正业绩始终是在这样一种秘密的调解谈判[5]之中。可是，能够进行调解的时代眼下已不复存在，眼下是一个你死我活的时代：法国一定要属于胡格诺教派，或者法国一定要属于天主教派。往后的岁月必然会要米歇尔·德·蒙田承担重大的责任，而他却死也不愿担当任何责任。他要回避在两者之间作出抉择。在一个宗教信仰狂热的时代，他是一位智者，既然如此，他就要寻找退路和逃遁。

只是到了很晚的时候，人们才觉察到，这样一种看法对米歇尔·德·蒙田来说并不正确，因为那位国王[6]还补给他一项圣米迦勒骑士团骑士的任命，并在几年以后任命他为宫廷侍臣呢。诚然，米歇尔·德·蒙田并未做出什么肆无忌惮和惊世骇俗的事。他既不提出异议，也不搞阴谋诡计。[7]

当米歇尔·德·蒙田接管蒙田城堡时，他看到的是一座高高的、坚固的圆形塔楼——他的父亲好像要把塔楼修筑成碉堡似的。在昏暗的塔楼底层是一间小祈祷室，神龛里是一幅圣米迦勒降伏怪龙的湿壁画，但已十分浅淡。一道狭窄的盘旋楼梯通向二层的一间圆形房间，米歇尔·德·蒙田为图独自一人的清静把这一间选作自己的睡房。不过，塔楼三层那间原先堆放破烂杂物的房间——曾是城堡中最没有用处的房间——才是米歇尔·德·蒙田最最重要的地方：那是他的书房。他决定把自己的藏书安放在这里，并使之成为一个静思默想的地方。他从这间书房可以瞭望他的庄园和田地。如果他的好奇心倏然萌发，他能够看一看那里正在发生的事，并且还能监视一切。但是没有人能监视他；在这种与世隔绝之中没有人能打扰他。书房的空间大到足够让他来回踱步，况且米歇尔·德·蒙田说，他只是在身体活动时才能很好地思考。他让人把他从拉博埃西那里继承过来的书籍和他自己的书籍陈列在这里。他还让画匠把五十七句古代希腊语和拉丁文格言绘制在蒙田城堡塔楼圆形书房的天花板下的两根横梁和四十五根小梁上，以至他的目光懒散地抬头一望，便能看到某一句令人宁静致远、充满智慧的格言[8]。五十七句格言中只有一句是用法语写的，那就是米歇尔·德·蒙田自己的名言："我知道什么呢？"紧挨着书房还有一间冬天用的小房间，他让人在小房间里装饰了几幅油画；由于这几幅油画的趣味过于低俗，后来被人涂盖上了。他在这里是主人。除了他自己，没有向他发号施令的人，没有反驳他的人。在这里，米歇尔·德·蒙田成为载入史册的蒙田。

米歇尔·德·蒙田在三十八岁时隐退。他不愿再为任何人服务，除了为自己服务。他对政治、社会、经营都已深感厌倦。幻想破灭是隐退的时刻。仿佛是为了替自己切断重返人世间的后路，他让人在自己书房的墙上用拉丁文写下这样一段文字："公元一五七一年，二月二十八日，时值三十八岁生日，米歇尔·德·蒙田长久以来已厌倦朝廷之苦差使以及公职之重负，决定趁尚有精力之际，隐退至缪斯[9]之怀抱，在平静与安稳之中度过所剩无几之余年。生命之大部业已流逝。期盼命运之神允其保住这一处曾献予自由、安宁、悠闲之栖身地——祖先留下之静谧隐庐。"这次辞别人世间的含义要比辞别官职深远得多。这是一次向外面天地的告别。此前，他是为别人而活着，现在他要为自己而活着。此前，他所做的一切，是官职、朝廷和父亲要求他做的事。现在，他只愿意做自己高兴做的事。他已积累了种种经验，现在他要对这些经验进行思索，并正本清源。米歇尔·德·蒙田已活了三十八年的岁月；现在，米歇尔·德·蒙田想要知道，这么一个米歇尔·德·蒙田究竟是谁；现在，他只愿意更多地关心自己的生与死。米歇尔·德·蒙田已厌烦了这一切：他曾经想要出力相助的时候，他无法出力；他曾经想要争取升迁的时候，有人挡住他的去路；他曾经想要帮助出主意的时候，无人重视他的建言。

不过，对米歇尔·德·蒙田而言，纵使是这样隐退到自己的庄园——隐退到自己的私人生活之中，也并非万事大吉。因为根据继承权和法律，庄园固然属于他，但他依然感觉到，属于这个庄园的不仅仅是他自己，原来还有更多的人呢。家宅大院中还有他的妻子、他的母亲以及对他来说都不是特别重要的子女——令人奇怪的是，他竟承认，他都不太清楚他的孩子中有几个是夭折的[10]。家宅大院中还有雇用的人，还有佃农、农夫。所有这些人，他都得仔细考虑到。一个并不总能始终和睦相处的大家族在那里共同生活着。那是一大家子人，而米歇尔·德·蒙田却愿意孑然独处。他觉得,家中的一切令他心烦,碍手碍脚,很不舒服。他想要在自己的一生之中不去管家里那些鸡毛蒜皮的事,就像他奉为楷模的拉博埃西一样,米歇尔·德·蒙田曾称赞这是拉博埃西的一种好品质。米歇尔·德·蒙田此前之所以没有放弃为公众服务,正是因为身为朝廷的管家要比一家之主每天有更少的忧虑。现在,米歇尔·德·蒙田要读书、要思索、要享受,而且不愿再为别人操劳,只为自己操劳。米歇尔·德·蒙田要寻找的是:他内心中的自我。这种"内心中的自我"不属于国家,不属于家族,不属于时代,不属于种种客观情况,不属于金钱,不属于财产;这样一种"内心中的自我"被歌德称为不允许任何人进入的"<u>堡垒</u>"[11]。现在,米歇尔·德·蒙田决心要躲进这样一个偏僻的角落,来避开和自己的妻子与子女生活在一起,避开和城堡之内的其他人生活在一起。

> 家宅大院内住着一个大约有十口人的家族,住着几十个佣人、农夫、工人和佃农。这里不可能是一个安静的地方。子女在这里出生;有的又在这里安葬。今天一口井塌陷了;明天葡萄冻坏了。契约要重新签订;争执要平息。买卖、过秤、结账,都必须在这里进行。如果你想要真正进行管理的话,那么每一个小时都会带来一件别的事情。脑子里想的不是自己的事情,尽是别人的事情。[12]

弃官回家只不过是隐居的第一步。而隐居的第二步则是要摆脱这个家,回到内心的自我中去——摆脱家庭对他的各种要求，摆脱各种杂事，隐居到"内心中的自我"这座"堡垒"里去。

不过，歌德的所谓"堡垒"仅仅是一种比喻，而米歇尔·德·蒙田却真的为自己用石块构建起一座"堡垒"，还安装上门闩和锁。当年皮埃尔·德·蒙田曾打算怎样扩大和改建蒙田城堡，人们今天几乎已无法复制。蒙田城堡此后又被多次改建。一八八二年的一场大火把城堡的主体建筑全部烧毁，幸好米歇尔·德·蒙田的那座"堡垒"——那座著名的圆形塔楼没有被烧毁。[13]

> 看来，他的家人并不都是懂得体贴、考虑特别周全的人，正如米歇尔·德·蒙田的下面这一段记述所表明：
> 我告诫我家族中那些习惯于大发脾气的人。我首先告诫他们要克制发怒，然后告诫他们少一些暴跳如雷；告诫他们要弄清楚他们担忧的究竟是什么事；告诫他们要弄清楚他们抱怨的究竟是什么事，因为他们已习惯在事情没有发生以前就开始大声嚷嚷；当事情一旦出现，又立刻继续大声嚷嚷。他们为所发生的事生气发怒。其实，他们的激动暴怒既不会使某人受到惩罚，也不会让人发生兴趣。这种大吵大闹除了令人心烦，根本无济于事。[14]

正因为此，米歇尔·德·蒙田要在家中为自己建造一座堡垒。他能从中出来，别人却无法进去。他能灵活变换自己的角色：有时候他愿意自己是庄园主，是一家之主，是父亲，是丈夫，是儿子；而有时候他只想孑然一身独处。

他曾经有一段时间考虑过，他是否应该把围着自己小屋的那堵墙拆除，以便他在露天也有一条不对外开放的自己散步的路。不过，他后来放弃了这个主意。(和本章注〔3〕相同。)

把自己囿于四周贴满各种格言的环境之中，可谓别出心裁。人们有这样一种感觉：米歇尔·德·蒙田是要自己约束自己，才需要一人独处。因为他并不需要像一个遁世的修道者那样，用宗教的戒律要求自己恪守誓言，他只是想要自律和克己。也许他自己也不知道为什么要这么做。这不过是一种内心的意志吧，是这种内心的意志驱使他这么做吧。

注 释

〔1〕 斯蒂芬·茨威格的《蒙田》德语原著打字稿中只有序号3,没有正文,后来德国出版人克努特·贝克(Knut Beck)把序号3删去,把斯蒂芬·茨威格标以序号4的那一章正文改为第三章,但原著第三章并无标题,本书第三章的标题系由本书中译者所加。

〔2〕 里弗赫(Livre),法国旧时流通的货币名,当时价值相当于1磅白银。

〔3〕 参阅斯特洛夫斯基编《蒙田及其公私生活》第110页。——斯蒂芬·茨威格注

〔4〕 参阅马尔文·洛文塔尔编《米歇尔·德·蒙田自传》第125页。——斯蒂芬·茨威格注

〔5〕 米歇尔·德·蒙田为促使亨利三世(Henri Ⅲ,1551—1589,1574—1589年任法兰西国王)和那瓦尔的亨利(Henri de Navarre,1553—1610)之间的和解进行过两次斡旋。第一次是在1585年,第二次是在1588年。

〔6〕 指那瓦尔的亨利(Henri de Navarre,1553—1610),他于1577年封蒙田为侍臣。

〔7〕 这一段文字和以后若干段文字在原来的打字稿中都往后缩回两格,并且行距也比通篇的行距要窄,表示茨威格以后还要修改。——德语原版书编者注

本书第52页、第55—56页、第84页、第88页、第95页中均有类似的情况。——本书中译者注

〔8〕 米歇尔·德·蒙田的57句书房格言,参阅〔法〕米歇尔·德·蒙田著、马振骋译《蒙田全集》第4卷第327—333页。亦有文献称,有65句格言。其中有一句是米歇尔·德·蒙田自己的名言:"我知道什么呢?"(Que sais-je?)。

〔9〕 希腊神话中的缪斯(Muse)原是歌唱女神,后引申为给诗人、画家、科学家或音乐家等以灵感的第九位女神。

〔10〕 米歇尔·德·蒙田生有六个女儿,其中五个夭折。
〔11〕 此处歌德所说的"堡垒"是指"内心中的自我",参阅本书第一章注〔46〕。
〔12〕 和本章注〔7〕相同。
〔13〕 斯蒂芬·茨威格在本书中把那场大火记述为1882年,但在梁宗岱译《蒙田试笔》一书中,在若干处把那场大火记述为1885年。参阅《蒙田试笔》第342、344页。恐斯蒂芬·茨威格记忆有误。
〔14〕 参阅斯特洛夫斯基编《蒙田及其公私生活》第125页。——斯蒂芬·茨威格注

第四章　写作十年

> 这位思想者最出色的成功之处，是研究了可研究的事物，同时冷静地尊重不可研究的事物。[1]
>
> ——歌德（《格言与沉思》）

在接下来的十年中，米歇尔·德·蒙田在这座塔楼里度过了他一生中的绝大部分时间[2]。他只要登上几级盘旋楼梯，就再也听不见家中的嘈杂声和谈话声了。因为"我有一颗柔弱的、很容易被搅得不安的心"，"如果心中正在想别的什么事情，那么一只飞过来的苍蝇就很可能会把我的思绪搅乱"。如果米歇尔·德·蒙田向窗外望去，他就会看到下面是："我的田园、我的农庄院子和我家中的大多数人。"而在这间圆形的书房里，除了他非常珍爱的书籍之外，在他周围什么也没有。书籍的大部分是他从拉博埃西那里继承来的，其他一些书籍是他自己买的。米歇尔·德·蒙田并不是整天都读书，但只要意识到书籍就在身旁，他就十分喜悦。"因为我知道，我什么时候有兴致，我就能立刻享用这些书；光是我拥有这些书籍，我就心满意足了。我从来没有在旅行途中不带书籍,无论是战争时期还是和平时期,都是如此。但常常是我还没有往书里看一眼,几天或者几个月就过去了。这时我就会对自己说,这本书我反正会有时间读的,或许明天,或许兴趣所至时。……我认为,书籍是人们在人生旅途中能够携带的最好食粮。"[3] 书籍不像那些纠缠他和忽悠他的人,他得花费精力去摆脱他们。书籍不一样,如果他不去召唤书籍,书籍不会自己来。他读这本书或者读那本书,完全随他高兴。"我的藏书楼是我的王国,我要作为绝对的统治者在这里支配一切。"各种书籍把各自的看法告诉他;而他则用他自己的看法进行回答。各种书籍说出各自的想法,并启发米歇尔·德·蒙田的想法。如果他沉默不语,书籍是不会打扰他的;只有当他向书籍询问时,书籍才会说话。这里是他的王国。书籍供他消遣。

米歇尔·德·蒙田曾十分精辟地讲述过,他怎样读书和喜欢读什么样的书。他和书籍的关系就像对所有的事物一样,是一种自由的关系。他想什么时候读、读多少、读多久,完全随他高兴。他既然放弃了一切职责,又何必再给自己增添一种新的职责呢。他说,他年轻时读书是为了炫耀知识,后来读书是为了变得更有智慧,而现在读书只是为了更多的愉悦,绝不是为了功利。如果他觉得一本书太枯燥乏味,他就会去读另一本书。如果他觉得一本书太难懂,"那么我不会在我认为难懂的地方绞尽脑汁。我在一两次冲刺以后就会放弃,因为我的脑筋素来只会转一次弯。如果我第一眼就没有领会某一点,那么以后重新作出种种努力也无济于事,而只会弄得更不清楚"。米歇尔·德·蒙田如是说。这位"懒散"的读者米歇尔·德·蒙田在要求作出努力的时刻就撂下了。"我不必为这些努力去流汗。如果我认为合适,我就放弃这些努力。"米歇尔·德·蒙田如是说。他把自己置身于塔楼之内,不是为了成为一名学者或者一个学究;他寄望于书籍的是:书籍应该对他有所启发,而且只有通过启发才会使他受益。他厌恶一切系统化的看法和学问,厌恶一切企图强加于自己的他人的看法和他人的学问。凡是教科书都令他反感。他写道:"我一般选择那些其中的知识已可利用的书籍,而不选择那些其中的知识才刚刚形成的书籍。"米歇尔·德·蒙田是一个"懒散"的读者,一个间或看看书的读者,可是,又是一个多么机敏的读者!我百分之百赞同米歇尔·德·蒙田关于书籍的看法。一般说来,米歇尔·德·蒙田有两个偏爱。他偏爱纯粹的诗作,虽然他自己在这方面完全没有天赋,并且承认,他曾经试作的那些拉丁文诗歌始终仅仅是他刚刚读过的一些诗篇的模仿之作——他在这些诗篇中欣赏到了语言的艺术。同样,米歇尔·德·蒙田也被简朴的民间诗歌所陶醉。他只是对满篇空洞的漂亮话的书表示冷淡,而不是对纯粹的诗作表示冷淡。

如果说,米歇尔·德·蒙田喜欢富于想象力的书是一个方面,那么另一个方面就是他喜欢纪实性的书,因而他说:"历史是正在向我的网球拍迎面而来的网球。"但是,即使在历史方面——完全按照我们的领会——他也是喜欢两个极端。他说:"我喜欢写历史书的人,要么喜欢朴实无华的作者,要么喜欢品位很高的作者。"他喜欢像让·傅华萨[4]那样只记述"单纯的历史原始材料"的编年史家;另一方面他又喜欢"真正有才能的杰出的历史学家"——这些历史学家真正懂得人的心理,善于把历史的原始材料去伪存真,"然而只有极少数的历史学家具备这种特殊才能"。因而，是"那些撰写传记的人为我准备好了思考的材料，因为他们更重视动机，而不是事件本身，他们认为，源自内在原因的结果比外部发生的事件更重要。这就是为什么我在所有其他历史学家面前，我最推崇普卢塔克"。米歇尔·德·蒙田如是说。另一些介于两者之间的历史学家——他们既不是卓越的历史学家，也不是质朴的历史学家，米歇尔·德·蒙田说："他们只会把一切搞糟。"因为"他们想要越俎代庖，替我们去思考，他们自以为有评判历史的权利和有按照自己的偏见歪曲历史的权利"。在诗歌中——象征与形象的世界，在散文中——事实的世界，这两者都会把我们引向人性，让我们懂得人性，所以，米歇尔·德·蒙田也偏爱历史。一件小小的名人逸事对米歇尔·德·蒙田来说比整个大千世界还重要呢。米歇尔·德·蒙田要么读艺术性很强的书，要么读朴实无华的书，要么读诗人的书，要么读编年史家的书。"最不屑一顾的是空洞的漂亮话"，诚如保罗·魏尔兰[5]所说，一种"自我表白"。米歇尔·德·蒙田讨厌任何一种自我表白。

　　米歇尔·德·蒙田曾用这样的话赞美书籍给他带来的主要好处："博览群书首先是会激发我的思维能力，促使我的判断力能用自己记忆中的人与事进行思考。"是他记忆中的人与事引发他做出回答，引发他说出自己的看法。譬如说，米歇尔·德·蒙田有这样的习惯：在书中做笔记，把某些内容画线标出，在书后登记上读此书的日期，记下此书当时给他留下的印象。但这些还都不是什么点评，还都不是什么写作，仅仅是用手中的一支笔和书所做的对话而已。可是，米歇尔·德·蒙田在自己书房里的寂寞却渐渐开始对他产生影响。书籍中许多默默的声音要求越来越多的回答。同时,米歇尔·德·蒙田为了检验自己的一些想法,就试着用文字把这些想法记下来。米歇尔·德·蒙田说:"在我后来隐居到自己的城堡时,我就决定尽量不参与任何事情,而要在平平安安和离群索居之中度过尚有的一点点余生。我觉得,令我最称心如意的,莫过于一种完全悠闲的心情,在清闲自在之中娓娓诉说自己的想法,并以此自娱。我希望,随着时间的流逝我会更容易做这件事,因为我的思想可能已变得更稳定和更成熟。可是情况恰恰相反,我的思想犹如一匹离开了跑道的马,给自己一个一百倍大的驰骋空间。在我的脑海中杂乱地浮现出各种没有关联的奇思异想。为了用冷静的头脑更好地思考一番其中的怪异和荒诞,我就开始把各种奇思异想写在纸上。我希望,我的想法很快就会自惭形秽。一种没有固定目标的思想是很容易消失的。谁要以四海为家,其实是他没有家。没有一种风会为一个不知驶向哪个港湾的人效力。"[6]

米歇尔·德·蒙田向别人说,他读过一些书。有种种想法通过自己的头脑。他把这些想法记下来,但不承担任何责任,因为这位蒙田城堡的主人还远没有想到要让这些小小的随笔——"随笔集"出版呢。他说:"在我匆匆随意写下我的想法时——就像从布料上裁剪下衣服所需的各种布块,并把它们缝纫在一起,但没有裁剪的样板,或者说,没有意图,因而我既不用为我的想法负责,也不用遵循自己的想法。如果我认为合适,我就会放弃我的想法,我就会重新回到我的'万事皆无定'和怀疑的态度,就会回到我的主要思想方式——'一无所知'。"[7]

米歇尔·德·蒙田觉得自己没有义务在自己的措辞中要像学者那样精确,要像作家那样有原创性,要像诗人那样才气横溢。他完全不像专业哲学家似的有这样一种假定:说不定另一个人很可能已经想到过这些想法。因而他也完全没有顾虑:他间或写下的话正是他在西塞罗或者塞内卡[8]著作中读到过的话。米歇尔·德·蒙田说:"我常常让他人替我说出一些我自己不能说得非常好的话。这不算我借用他们的话,而是我看重他们的话。"

借用他人的话之后,他又故意将他人的名字隐去。这一切,他倒是直言不讳地承认。他说:"如果我能为某一个新的结论偷偷地用上他人的话——把他人的话做些变化,改头换面地用上,这时我最高兴的是:竟有那么多的话可供我借用。"米歇尔·德·蒙田只不过是一个爱反思的人,而不是一个作家。再说,他也并不非常认真地对待自己信笔写下的文字。他说:"当我对自己所写的文字不会承担责任时,或者说,正当写作令我惬意时,我是不会为我的写作向他人承担什么责任的。一个寻求知识的人就应该在知识的海洋中采集知识。"米歇尔·德·蒙田渴求的是自由,因而他一再重复说,他自己不是一个作家,不是一个哲学家,不是一个完美的文学家。他说:"无论是我说的还是我引用的语录都不应该用来作为实例、作为权威和作为楷模。"米歇尔·德·蒙田不断地重复说:"当我重读我所写的文字时,连我自己都不喜欢,兴味索然。"他说,假若真有一种惩治"毫无用处和厚脸皮的舞文弄墨的人"的法律,就像惩治盲流和游手好闲的人那样,那么,他和上百个其他人就一定会被驱逐出这个写作王国。他说:"我绝不是一个作家。我所做的事只是写出我自己的生活。这是我唯一的使命和天主的召唤。"

一位高贵的老爷——一个本非作家的人不知道该用自己的时间来做什么。于是米歇尔·德·蒙田就间或以不拘形式和不承担责任的方式写下一些想法。他就这样孜孜不倦地描述自己。这就是他写作最初几年的真实写照，这就是他写作《随笔集》第一卷和第二卷的真实写照——是米歇尔·德·蒙田首创了"随笔"这种文学形式。不过，人们必然要问，这位蒙田城堡的主人为什么后来竟下决心让《随笔集》分两卷在波尔多出版呢？回答是：米歇尔·德·蒙田之所以如此描述自己，就是想要看看自己是什么样子。米歇尔·德·蒙田总是强调自己写作如何不好，如何不严谨，说他自己对语法如何一窍不通，说他自己如何没有记性，说他自己完全没有能力表达他真正想要说的话，不过，此乃一点小小的矫情自饰罢了。不管怎么说，连米歇尔·德·蒙田自己都不知道，他后来竟成了作家。是《随笔集》的发表使他成了作家，但同时也给他撰写以后的随笔带来一些负面影响——因为当他感觉到自己被公众关注时，所有的公众都是一面镜子，每个人都有一副不同的面孔。实际上，《随笔集》第一卷和第二卷刚一出版，他就开始撰写其他的随笔了。同时他又开始对已出版的《随笔集》进行修改。波尔多版《随笔集》表明：他精心雕琢每一个词语，即便是标点符号也有不少改动——直到他去世时那一刻为止。以后的几个版本包含了无数增补的内容、充满名人的诸多语录——米歇尔·德·蒙田认为必须展示他自己读过许多书，同时，他愈来愈多地把自己放在随笔的中心位置。他以前谈论自己,仅仅是试图认识自己;而眼下谈论自己,则是要向世人展示他是怎样一个人。他要给自己一个非常真实的绝妙写照,甚至包括自己的一些容貌特征。一般说来,《随笔集》的第一稿较少谈论自己,却说出了更多的内容。第一稿中的米歇尔·德·蒙田是真正的米歇尔·德·蒙田,是塔楼书房里的米歇尔·德·蒙田,是一个寻找自我的米歇尔·德·蒙田。第一稿中的米歇尔·德·蒙田更坦率、更诚实。尽管这位最有智慧的人有时也逃脱不了诱惑,但他首先还是要把自己看透,然后再把原本的他展示出来。

注　释

〔1〕 米歇尔·德·蒙田虽是天主教徒,但他不相信脱离具体的、生动的现实,只讲精神体验的所谓知识。他拒绝思考处于人类知识范围之外的超验事物。

〔2〕 本书第四章的标题《写作十年》是斯蒂芬·茨威格自己拟定的,原文是:Das schöpferische Jahrzehnt。

〔3〕 参阅马尔文·洛文塔尔编《米歇尔·德·蒙田自传》第131页。——斯蒂芬·茨威格注

〔4〕 让·傅华萨(Jean Foissart,1337—1410?),法国宫廷史官和诗人,著有编年史《闻见录》,记述了百年战争的"业绩和武功"以及欧洲大事。

〔5〕 保罗·魏尔兰(Paul Verlaine,1844—1896),法国诗人,象征主义诗歌的代表之一,诗作富于音乐性,强调"明朗与朦胧相结合",主要作品有《感伤集》《无题浪漫曲》《智慧集》等。

〔6〕 参阅马尔文·洛文塔尔编《米歇尔·德·蒙田自传》第146页。——斯蒂芬·茨威格注

〔7〕 参阅马尔文·洛文塔尔编《米歇尔·德·蒙田自传》第148页。——斯蒂芬·茨威格注

〔8〕 塞内卡(Lucius Annaeus Seneca,约公元前4—公元65年),古罗马哲学家、政治家和剧作家,新斯多葛派的代表人物。青年时去罗马研习修辞学和哲学。卡里古拉时代当财务官,克劳迪乌斯时代被放逐到科西嘉岛。公元49年,应新皇后的请求,被召回当太子尼禄的师傅。尼禄即位后得势,任执政官,因尼禄暴虐,有自危感,一度退隐,终因涉嫌皮索阴谋案,被尼禄勒令自尽。著有大批伦理哲学短论,主要有《论愤怒》、《论仁慈》、《论天命》、《论幸福》、《论精神安宁》、《论道德书简》(epistle)等,宣扬宗教神秘主义和宿命论,著有悲剧《美狄亚》、《俄狄浦斯》、《赫拉克勒斯》(Herculēs,罗马神话中的大力士)等。

第五章　寻找自我

　　米歇尔·德·蒙田不厌其烦地抱怨自己记性差。他觉得，记性差同时就会有某种记忆缓慢——这是他天生的真正缺陷。而他的理解力，即他的洞察力却非同一般。他以锐利的目光很快就会明白自己看到的、观察到的、认识到的和领会到的一切。可是，正如他一再责备自己的那样：事后他又懒得系统地把这些认知加以整理，合乎情理地加以扩展。这些认知刚一被把握住，就又消失了；任何想法又都记不起来。他忘记了自己读过的书，记不得读书的日期，回想不起读书时的主要生活情形。一切就像一条河似的流过他的身旁，没有留下任何记忆——没有留下一种确定的信念，没有留下一种坚定的观点，没有留下任何一成不变的记忆。

　　其实，米歇尔·德·蒙田如此抱怨自己身上的这个弱点，正是他的优点。他的"不在任何事情上羁绊"这一点，就会迫使他一直往前走。对他而言，没有什么事情是了结的。他不死抱住自己的经验。他也没有可吃的老本，而必须持续不断地去获取精神财富。所以，他的一生也就成了一个不断更新的过程。他说："我们都是接连不断地重新开始一种新的生活。"

他所认为的真理到了下一年,甚至常常在下一个月就已经不再是真理了。他必须重新寻找。许多矛盾现象就此产生。他似乎时而是一个伊壁鸠鲁派,时而是一个斯多葛派,时而是一个怀疑论者。他什么都是,又什么都不是。他始终是一个不同的人,又始终是同一个人。

米歇尔·德·蒙田的乐趣就在于这样一种寻找,而不在于找到[1]。他不属于那些寻找"智慧石"[2]的哲人之列——那些哲人要寻找一种符合自己宗旨的济世恒言。米歇尔·德·蒙田不寻求教条,不寻求学说,而且始终忌讳固执的断言,他说:"不要大胆地断言什么,不要轻率地否定什么。"他不朝着一个目标走去。对他的"飘忽不定的思绪"而言,每一条路都有道理。如果按照他最最喜爱的苏格拉底[3]的为人,苏格拉底丝毫不比一个哲学家逊色,因为他什么也没有留下——没有留下教条,没有留下学说,没有留下法则,没有留下体系。苏格拉底留下的无非是他自己这样一个人物——一个在内心向各方面寻找自我的人。[4]

我们也许最应该感谢米歇尔·德·蒙田身上那种锲而不舍的寻找的动力——感谢他的浓厚好奇心,感谢他的不好的记性。他之所以成为作家,也要归功于这些。米歇尔·德·蒙田知道,他会忘记在一本书中读到过的想法,甚至会忘记一本书在他内心引发的想法。为了不忘记这些想法:他的"浮想"、他的"遐想"——这些浮想与遐想犹如汹涌而至的潮水,一浪盖过一浪,通常也就把一本书中的想法淹没了,于是他只有一个办法:把书中的想法记录在一本书的每一页边上,记录在一本书的最后一页上。后来,他渐渐地把偶然心得的想法记在单张的纸条上;他把这些纸条称为"没有拼合的马赛克"。那是一些笔记,最初是一些备忘的摘记,没有更多的内容;到后来,他才渐渐地试着在这些笔记之间找出某种内在的联系。他试着写心得的时候,怀有一种预感:不会产生真正的结果;他的大多数随笔都是一气呵成,因而文句自然率真。但他始终确信,这些随笔不是他真正要做的事情。写作和记笔记对他来说只不过是一种副产品、一种沉淀物——用粗俗不堪的话说,好比一个人尿里的碱,又好比牡蛎里的珍珠。主要的产品是他的生活,这些文句无非是他的"生活"留下的碎屑和残渣。米歇尔·德·蒙田说:"我的使命和我的艺术是:创造我自己的生活。"而"生活的艺术"是不能复制的。一个作家只不过是他自己的影子。我们平时会无数次地叹息有些人的写作艺术是多么伟大,而他们的"生活的艺术"却又是多么渺小。

因为米歇尔·德·蒙田的每一篇随笔都是出于偶然的缘由——或许是由于某一种心情,或许是由于某一本书,或许是由于某一次谈话,或许是由于某一件逸事,所以在他最初的随笔的各篇之间并没有顺序上的内在联系——米歇尔·德·蒙田自己也觉得是这样。他从未试图把随笔按顺序汇编在一起;他也未曾打算把随笔加以修改和润色。可是他渐渐地发现所有这些随笔确实有一种共同之处,有一个中心,有一种内在的相互联系,有一定的宗旨。所有这些随笔都有一个出发点,或者说最后都归结为一点,而且始终是相同的一点,那就是"我"。起初,米歇尔·德·蒙田仿佛像扑捉蝴蝶、捕捉墙上影子似的。不过,他后来渐渐地明白他是有某种目的的:他是在寻找某种事物,那就是"寻找自我"。他明白了:他以自己的各种形式对人生所做的反复思考就是为了真正地生活。不过,他只是为他自己而真正地生活。以前他觉得这是一种闲散的心情,眼下他渐渐地觉得这是一种鉴赏力的显露。凡是米歇尔·德·蒙田描述的原本只不过是描述了他自己对这件事和那件事的反应。所有随笔的唯一话题也是每篇随笔的同一个话题:就是以他自己的生活为话题——以"我"〔5〕为话题,或者更确切地说,以"我的本性"〔6〕为话题。

一旦米歇尔·德·蒙田发现了这一点,这件先前像游戏似的工作就开始成为一件新的事情——一种"自娱"〔7〕。他问自己:我是谁?他试图把自己置身于外,就像另一个人似的来看自己。他仔细观察自己、琢磨自己、评论自己、"研究"自己,正如他所说,他要把自己作为"思辨哲学和自然科学"来研究。他要目不转睛地盯住自己,他还说,他多年来所做的事情没有一件不是在理智的控制之下——"我不再知道有一种隐藏在我的理智背后的感情冲动"。米歇尔·德·蒙田已不再是单独一个人而成了两个人。而且他发现,这种"自娱"没完没了;他发现,这个"我"完全不是一成不变的,这个"我"是会转变的,是起伏波动的。他发现,今天的米歇尔·德·蒙田不同于昨天的米歇尔·德·蒙田。也就是说,他所显示的只能是各种不同的阶段各种不同的情形、各种不同的细节。但是,每一个细节都重要;恰恰是一个匆匆的小手势要比一个呆板的姿态更说明问题。他把自己放入电影的慢动作中,他把看起来是一个连贯的动作分解为一系列动作——一系列转变。于是，米歇尔·德·蒙田对自己的研究就没有一个尽头，他永远在寻找自我。不过，为了了解自我，仅仅观察自我是不够的。如果一个人只往自己的肚脐眼儿看，他是看不到天下的。因而他阅读历史、研究哲学，但不是为了让自己长学问，不是为了让自己有信念，而是为了看一看他人是如何行事的，以便把自己的"我"和他人进行比较。

米歇尔·德·蒙田研究"历史上内心世界丰富的人"，以便把自己和他们进行比较。他研究他人的善恶、瑕瑜和智愚。历史是米歇尔·德·蒙田的重要教科书，因为"人是在行动中显示自己"，米歇尔·德·蒙田如是说。

如此说来，米歇尔·德·蒙田所要寻找的不仅是一个"我"、一个"我自己"，米歇尔·德·蒙田同时也在寻找人性。他仔细地把每个人身上的人的共性和每个人身上的个性区分开。一个人的"本性"是共性和个性的结合；一个人的"本性"是不能和所有其他人的"本性"相比较的。一个人的"本性"在一个人二十岁时就已形成；至于普遍的人性，在那些矫揉、狭隘、脆弱的人身上，每个人的普遍人性都有相同之处，这些人在陈规和纲纪面前一生都不敢越雷池一步。所以，米歇尔·德·蒙田要寻找两种不同的"我"。他要寻找米歇尔·德·蒙田的"我"——一种独一无二的、特殊的"我"。他绝不会觉得这个米歇尔·德·蒙田的"我"特别杰出、特别令人感兴趣；不过，这个米歇尔·德·蒙田的"我"确实独树一帜和无可比拟；他下意识地要为天下保持这个米歇尔·德·蒙田的"我"。而另一个"我"就是我们大家身上的"我"。我们大家身上的"我"都在寻找自己的种种表现。这另一个"我"就是我们共同的"我"。正如歌德要寻找最原始的植物一样，米歇尔·德·蒙田要寻找最原始的人，即"普遍的人"——人的纯粹形式。当人的纯粹形式中还没有显著的性格特点，还没有受到束缚限制，当人的纯粹形式还没有被偏见和利害关系所歪曲，还没有被习俗和准则所歪曲，这时候人的纯粹形式是一种纯粹的、没有受到任何影响的形式。这就是为什么米歇尔·德·蒙田在鲁昂[8]遇见的那些巴西人会使他如此着迷。因为那些巴西人不知道天主、不知道元首、不知道宗教、不知道习俗、不知道道德。米歇尔·德·蒙田仿佛在他们身上看到了不会矫揉造作的、纯洁无邪的人；他仿佛看到了一张无瑕的白纸，同时也仿佛看到了每一个人都可以把自己永远留在这张白纸上。歌德所说的关于"人的本性"的原话，正是米歇尔·德·蒙田所要说的。歌德说：

> 就像你降临人世的那一天一样，
> 太阳一直悬在空中
> 和众行星照面，
> 你很快就按照规律成长发育，
> 发育成长
> 按照你生命开始的规律。
> 你必定是这样，
> 你无法摆脱你自己的形式，
> 古希腊的女巫们早已这样说，
> 先知们早已这样说：
> 没有时间和没有力量可以破坏
> 已铸成的

天然发展的形式。

这种寻找"自我"、寻找"自我的本性"——米歇尔·德·蒙田始终把这种寻找"自我"放在每一次思考的开始,放在每一次思考的中心位置和结尾——有人把这一点称为"以自我为中心",尤其是帕斯卡尔[9],他认为"以自我为中心"是傲慢、沾沾自喜,甚至在一次著名的谈话中把这一点称为罪过,称为是米歇尔·德·蒙田先天的缺陷。然而米歇尔·德·蒙田说的话"请你们只把自己和自己联系起来"——此话的意思并不是说,不和他人往来,也丝毫谈不上米歇尔·德·蒙田沾沾自喜和自我陶醉。米歇尔·德·蒙田不是一个与世隔绝的人,他不是一个在思想上遁世隐居的人,而仅仅是他要自己寻找自我;他不是为了展示自己,不是为了炫耀自己。他既然说"我要不停地向我自己走去,因为我要持续不断地发现自己的不足",那么他就会出于这样的意愿去这么做,这符合他的禀性。他说:"通过自己使别人受益,必然会自鸣得意,如果这是真的的话,那么我就一定不会放弃这样一种'病态'的工作,因为我自己就有这样一种'病态'的品性。而且我大概也不会忌讳这样的'过错'——犯'这样的过错'不仅在我身上很多,而且还是我的使命呢。"米歇尔·德·蒙田觉得,"为了享受自己的生活,而且要高尚地享受自己的生活",认识自我是必要的。这是他的使命、他的才华、他的乐趣——这一切远远超过他的虚荣心。把目光对准他自己的"我",并没有把他和我们大家的"我"分离,没有使他疏远这个天下。他不是爬进自己大缸里的第欧根尼[10],他不是让-雅克·卢梭[11],深陷在自己被追捕的偏执妄想之中。没有什么事物会让米歇尔·德·蒙田感到痛苦;没有什么事物会让他在思想上离群索居;没有什么事物会使他远离他热爱的天下。他说:"我热爱生命,并充分利用生命,就像天主愿把生命赐予我们一样。"他维护他的"自我",这并没有使他和天下分离,没有使他变得孤独,而是给他带来成千上万的朋友。谁描述了自己的一生,谁就是为所有的人而活着;谁把他自己所处的时代展现出来,谁就是为了各种各样的时代。

确实是这样,米歇尔·德·蒙田除了问:我该怎样生活?他毕生没有做过别的事情。但是,在他身上不可思议的事,也是令人欣慰的事是:他从未试图把这个问句转变为一个命令句,也就是说,他从未把"我该怎样生活?"转变为"你应该这样生活!"以"我知道什么呢?"[12]这句名言著称于世的米歇尔·德·蒙田最讨厌的莫过于固执的断言;他自己就从未试图把自己尚不清楚的断言向别人推荐。他说:"我在这里所写的,不是我的说教,而是我为了求知所做的努力;我在这里所写的,不是他人的生活经验,而是我自己的生活经验。"倘若他人能从中受益,那么米歇尔·德·蒙田没有什么可反对的;倘若米歇尔·德·蒙田说的是蠢话、是谬论,那么也不会有人因此而受到损害。米歇尔·德·蒙田说:"纵使我在愚弄自己,那么受损害的也无非只是我自己,而不会损害任何其他人,因为这始终是一种留在我心中的愚蠢,一种不会带来任何后果的愚蠢。"米歇尔·德·蒙田从未试图把他自己的想法变为救治他人的"济世良药"。他所寻找的,乃是为他自己而寻找。不过,他所找到的,任何一个他人完全可以像米歇尔·德·蒙田一样,能够从中受益，只要那个人愿意。米歇尔·德·蒙田在自由之中所思考的一切，从来不会去限制另一个人的自由。

  米歇尔·德·蒙田说："在我心中没有什么想法是人们不熟悉的，或者异乎寻常的。"——其中都是普通的、有关人性的内容。

  在米歇尔·德·蒙田质疑的许多事情中，他也怀疑生活经验和所认为的真理是否能够转让。他不相信书本，不相信教条；他只相信自己从书本和教条中获得的体会。他认识到，并非是天主、并非是柏拉图、并非是塞内卡、并非是西塞罗救治了天下。米歇尔·德·蒙田认识到，在他那个时代也完全有可能发生像在古罗马的国王们统治下的那种同样残暴的行为。米歇尔·德·蒙田不能去教训他人，而只能引导他人去寻找自我——用自己的眼睛去认识自己，不戴眼镜和不用"济世良药"。[13]

注 释

〔1〕 本书第五章的标题《寻找自我》是斯蒂芬·茨威格自己拟定的,原文是 Sich Suchen。
〔2〕 寻找"智慧石"的德语原文是"nach einem Stein der Weisen suchen"。"智慧石"是欧洲中世纪炼丹术士寻找的一种炼丹用的神奇物质,后引申为比喻:一切谜的答案、百谜之解、万应灵药、妙法、妙诀等。
〔3〕 在米歇尔·德·蒙田眼里,苏格拉底是最完美的人,一个人世间的圣人,参阅本书第一章注〔47〕。
〔4〕 这一段在原来斯蒂芬·茨威格的打字稿中被划掉,但从整篇上下文看,还是重要,故保留。——德语原版书编者注
〔5〕 斯蒂芬·茨威格在此处引用法语原文"moi"。
〔6〕 斯蒂芬·茨威格在此处引用法语原文"mon essence"。
〔7〕 斯蒂芬·茨威格在此处引用法语原文"amusement"。
〔8〕 鲁昂(Rouen),法国塞纳河畔的城市。
〔9〕 布莱兹·帕斯卡尔(Blaise Pascal,1623—1662),法国数学家、物理学家、笃信宗教的哲学家、随笔大师,所著《思想录》《致外省人书》,对法国随笔文学的发展有重大影响。
〔10〕 此处是指锡诺伯的第欧根尼(Diogenes of Sinopeus,约公元前404—约公元前323年),古希腊犬儒派哲学家,接受鄙弃享乐、"返归自然"的思想,为实践他的哲学思想,他穿粗衣、吃劣食,露宿街头或廊下,据说还栖身在大缸里。一则流传至今的故事,就是亚历山大大帝在街头遇到他,怀着敬意愿为他做些什么,锡诺伯的第欧根尼淡然回答:"你不要遮住我的阳光。"
〔11〕 让-雅克·卢梭晚年受当局迫害,为逃避追捕,曾流浪国外多年,后卒于巴黎。参阅本书第二章注〔23〕。

〔12〕 米歇尔·德·蒙田的名句"我知道什么呢?"参阅马振骋译《蒙田全集》第2卷第12篇随笔《雷蒙·塞邦赞》。

〔13〕 这一段文字在原来的打字稿中都往后缩回两格,表示斯蒂芬·茨威格以后还要修改。——德语原版书编者注

第六章　捍卫内心的自由

我在米歇尔·德·蒙田的全部著作中只发现唯一的一句言简意赅的话，也是他唯一坚定不移的看法，那就是："天下最了不起的事，是一个人明白自己是怎样一个人。"不是地位、血统的优越，也不是聪慧的优越使人高贵，而是一个人保持他自己的个性和过他自己的生活的成功程度使人高贵，因此米歇尔·德·蒙田认为一切艺术中的最高艺术乃是保持自我[1]。他说："在我们颂扬自由的一切艺术中，让我们先从这门使我们内心获得自由的艺术做起吧。"而此前没有人比米歇尔·德·蒙田更好地身体力行过这门艺术。因为一方面这似乎是一件微不足道的事，乍一看，每个人都愿意保持"他自己的本色"——"按照他自己天生的气质"过一种人的生活，这是非常自然的事；可是从另一方面看，如果进一步想一想，实际上在生活中还有什么比做到这一点更难的呢？——为了保持自己内心的自由，一个人是不可以有过错的，是不可以陷入纠葛之中的。但实际上，我们都会被卷入国家的、社会的、家庭的纠葛之中；一个人的思想受到我们大家所说的语言的制约。可见，一个人想要与世隔绝，想要成为完全自由的人,纯粹是幻想。生活在真空里是不可能的。通过教育,我们有意识地或者无意识地成为宗教的、习俗的、种种观念的奴隶;我们呼吸着时代的空气。

要想脱离这一切是不可能的。米歇尔·德·蒙田自己知道,他是一个在一生中尽到了自己对国家的、社会的、家庭的义务的人,至少在表面上他忠实地信仰宗教,履行当时的礼仪规矩。米歇尔·德·蒙田为自己寻找的仅仅是要找到这样做的界限。他说,我们不会把自己完全奉献出去,我们只会把自己借用出去。而且我们有必要"在极少数的场合把我们的内心自由隐藏起来,不借用出去,如果我们清楚地认为这样做是正确的话"。米歇尔·德·蒙田说,我们不需要远离尘世,我们不需要隐居到一间斗室里去。不过,我们必须分清楚:"我们可能喜欢这件事或者那件事,但不愿让任何一件事和我们'结伴终身';和我们'结伴终身'的唯有自我。"[2]凡是我们世人有的一切爱好和欲望,米歇尔·德·蒙田一概不拒。他倒总是劝我们尽可能多地享受。他是一个入世的人,一个注重现世生活的人。他不知道有什么限制;谁喜欢政治,就让他去搞政治;谁喜欢读书,就让他去读书;谁喜欢打猎,就让他去打猎;谁喜欢房产、田地、金钱和财物,就让他去为这一切献身。但米歇尔·德·蒙田认为最重要的是:他应该尽可能多地去得到他喜欢的事物,而不是让自己被他所喜欢的事物夺走。米歇尔·德·蒙田说:"操持家事、读书、行猎以及从事其他任何活动,都应获取最大限度的乐趣,但应防止过度,超过限度就会带来痛苦。"[3]一个人不应该被责任感、激情、虚荣心驱赶得比他原本想要走的更远;一个人应该不时检查以上所述的操持家事等这类事情有多少，但同时也不要估计过高；一个人应该不时检查有多少事情可以在不再感到惬意时就结束。一个人不应该成为各种事情的奴隶。一个人应该是自由的。

但是，米歇尔·德·蒙田不做任何确定。他只是举例说明：他自己是如何想方设法不断地把自己从一切妨碍他、打搅他、限制他的各种事情中解放出来。我们能够为他提及的事情列一张表：

摆脱虚荣心和骄傲——这也许是最难的。

摆脱畏惧和希冀。

摆脱信念和宗派。

摆脱野心勃勃和摆脱任何形式的贪婪，同时也要摆脱醉生梦死的生活。

摆脱金钱和摆脱任何形式的好色。

摆脱家庭和摆脱周围的人际环境。

摆脱狂热的盲目信仰，摆脱任何形式的固执看法和摆脱相信绝对的价值观[4]。

如此说来，这势必意味着对人生的绝对否定啰，意味着米歇尔·德·蒙田是一个摆脱一切、在真空中生活和怀疑一切的人啰。即便是帕斯卡尔,也是这样描述米歇尔·德·蒙田的,说米歇尔·德·蒙田是摆脱一切和不受任何束缚的人。没有什么比这更错误的了。米歇尔·德·蒙田无限热爱生活。他知道的唯一惧怕就是死亡。他热爱生活中现存的一切。他说:"天下没有什么事物是没有目的的,从来不存在无目的性。在大千世界中没有什么事物不处于合理的位置。"米歇尔·德·蒙田不嫌弃丑,因为丑使人看到了美;他不嫌弃恶,因为恶突出了善,他也不嫌弃愚昧,同时也关注犯罪。一切事物都有好的一面。天主赐予我们的天下多姿多彩。最普通的人告诉我们的是重要的事情。我们能在无意之中从一个最愚笨的人——一个文盲身上学到的知识会比从一个学者身上学到的更多。只有一件事是错误的,而且是近乎犯罪的错误,那就是:要把一个多姿多彩的天下纳入种种教条和体系之中,而近乎犯罪的错误则是要把别人从他们自己的自由判断中引开——把别人从他们自己真正想要做的事情中引开,并且要把他们自己心中不想做的事情强加给他们。只有这些思想专制者们才是毫不尊重自由的人。米歇尔·德·蒙田最憎恨的是这些思想专制者们的狂热。这些思想专制者们肆无忌惮和沾沾自喜地要把自己的"革新"标榜为天下唯一颠扑不破的真理。当这些思想专制者们仅仅为了证明自己是对的时候,千百万人的流血对他们来说是无所谓的。

大凡一个自由的思想家,他对人生的态度总是讲宽容,米歇尔·德·蒙田也一样,他对人生的态度可归结为宽容。这位要为自己进行自由思考的人,当然也会把进行自由思考的权利给予其他任何人,而且没有人比米歇尔·德·蒙田更看重这样一种权利。米歇尔·德·蒙田在鲁昂遇到巴西的野蛮人,并不因为这些野蛮人吃过人而畏惧退缩。米歇尔·德·蒙田冷静和清楚地说,他认为:拷问、刑训、折磨活生生的人要比吃人可怕得多。米歇尔·德·蒙田并不是从一开始就拒绝任何信仰、拒绝任何观念,而只是不让自己的判断被先入之见迷惑。米歇尔·德·蒙田认为这一点很重要,因为这正证明:一个人在任何时代都能够是自由的。让·加尔文[5]曾赞同审判巫婆[6]并公报私仇地把人用火慢慢烧死;马丁·路德[7]曾把墨水瓶向墙壁扔去,因为他认为那是魔鬼;托尔克马达[8]曾将数千人处以火刑。每当提起这些事情的时候,拥护他们的人就会为他们开脱罪责,说他们也是别无选择,因为一个人不可能完全摆脱他的那个时代的观念。可是要知道,人性是不会变的。即使在盲目信仰的狂热者们的时代里,也总有充满人性的人文主义者活着。在猎巫和火焰法庭的时代里,宗教法庭和火焰法庭并未使鹿特丹的伊拉斯谟、米歇尔·德·蒙田、卡斯泰利奥[9]清醒的头脑和人性受到片刻的迷惑。一个为自己进行自由思考的人,他尊重人世间的一切自由。

注　释

〔1〕 本书第六章的德语原文标题是 Die Verteidigung der Zitadelle，直译是"保卫堡垒"，但在本书中，这是歌德使用的比喻，意谓"捍卫人的内心世界、内心的自由、内在的自我"，故将标题意译为《捍卫内心的自由》。参阅本书第一章注〔46〕。

〔2〕 斯蒂芬·茨威格引用的这段语录，记忆不准确，现根据让-路易·旁德（Jean Louis Bandet）编辑的《蒙田随笔集》法语修订版（Paris, 1982）做了改正。——德语原版书编者注

〔3〕 参阅马振骋译《蒙田全集》第 1 卷第 39 篇随笔《话说隐退》。

〔4〕 在斯蒂芬·茨威格原来的打字稿中，在此处的行距之间留下很大的空白，这些空白，如同全部打字稿中的每一页的边缘都留下很大的空白一样，是打算以后用来补充米歇尔·德·蒙田的语录和摘录的；不过在付印时，斯蒂芬·茨威格并未作补充，仍然保持原样。——德语原版书编者注

〔5〕 让·加尔文（John Calvin, 1509—1564），法国人，16 世纪欧洲宗教改革家，基督教新教加尔文宗创始人，著有《基督教要义》，其宗教观和马丁·路德的宗教观相近，主张"因信得救"，反对天主教的等级制度和繁文缛节，否认罗马天主教会的权威。1541 年 9 月后，加尔文长期定居日内瓦，在他领导下，日内瓦成为一个政教合一的神权共和国。但加尔文对农民和城市平民的教派（尤其是再洗礼派）持敌视态度，还曾以异端罪名处死五十多人，其中有西班牙人米格尔·塞尔维特（Miguel Serveto, 1509—1553), 1553 年 1 月，塞尔维特的《再论基督教教义》秘密印刷出版，阐述其哲学和自然科学观点，因此遭天主教会迫害，塞尔维特被迫逃至加尔文控制下的日内瓦，加尔文非但不予以保护，反而以异端罪名将其处以火刑。参阅斯蒂芬·茨威格著、舒昌善译《良知对抗暴力——卡斯泰利奥对抗加尔文》，北京：生活·读书·新知三联书店 2019 年 1 月北京第 2 次印刷（精装本）。

〔6〕 中世纪的欧洲是宗教信仰的时代,基督教统治各个领域。当时有一些妇女一旦被教会指责为巫婆,说她们装神弄鬼、散布流言、宣扬邪恶、蛊惑民众,就会被教会作为异端处以火刑,这种酷刑常被教会用来铲除异己、迫害妇女,冤案甚多。

〔7〕 马丁·路德(Martin Luther,1483—1546),16世纪德国宗教改革的倡导者,基督教新教路德宗创始人。德国农民战争爆发后,公开倒向封建诸侯。

〔8〕 托尔克马达(Tomás de Torquemada,1420—1498),西班牙多明我会修士,西班牙第一任宗教总裁判官(1483—1498年在任),任职期间用火刑处死异端分子约两千人。

〔9〕 塞巴斯蒂安·卡斯泰利奥(Sebastian Castellio,1515—1563),1515年在当年萨伏依(Savoy)公国(今在法国境内)出生,出生日期不详。他是新教神学家、人文主义者,1540年在斯特拉斯堡(Straßburg)和加尔文相会,1541年,加尔文请他出任在日内瓦的一所学校的校长;1544年,由于严重的意见分歧,和加尔文决裂,此后在巴塞尔过着贫困生活。由于加尔文在1553年以异端罪名判处西班牙人塞尔维特以火刑,卡斯泰利奥于1554年用假名发表《论异端分子》(*De haereticis an sint persequende*)一书而成为提倡宽容思想的先驱。参阅斯蒂芬·茨威格著、舒昌善译《良知对抗暴力——卡斯泰利奥对抗加尔文》,北京:生活·读书·新知三联书店2019年1月北京第2次印刷(精装本)。

第七章　意大利之旅

米歇尔·德·蒙田于一五七一年在他三十八岁时隐居到自己的塔楼,当时他以为他已经最终地结束了自己的一生。就像后来的莎士比亚一样,他用过于清晰的目光看透了世间万事无非浮光掠影,认识到了"官场的肆无忌惮、政治的荒唐、为宫廷服务的屈辱、为市政厅服务的无聊",而主要是他认识到了:他自己不适合在这个人世间工作。他曾尽力要去帮助别人,可别人并没有领他的情;他曾尽力给那些有权势的人出主意想办法,去平息狂热的宗教信仰们的纷争——当然不是十分巴结,而总是带着一种自重的矜持——可是那些有权势的人并未倚重他。尔后,世道就变得一年比一年不安定;国家处在一片动乱之中,"圣巴托罗缪之夜"引起了新一轮的生灵涂炭。内战已经打到他的家门口。于是他下定决心:自己不再介入这些纷争之中,自己不再为世事感到震惊。他不愿再看到这样一个天下。他只愿在自己的书房里像用照相机的暗箱一样来观察自己。他辞去了官职,他看破了红尘。如果别人还喜欢为自己的地位、影响、荣耀而奋斗,那么他只想为自我而继续努力。他躲进塔楼自己的书房里，就像躲进堡垒一样。他用近千册的书籍在自己与喧闹之间筑起一堵墙。他有时候仍然走出塔楼去远足；他还作为圣米迦勒骑士团的骑士去参加查理九世[1]的葬礼。他偶尔还会应他人的请求去进行政治斡旋，但是他决心不再全力以赴去参与解决当时的现实问题。他决心不再把吉斯公爵和科利尼之间的互相残杀看作在普拉提亚[2]进行的希腊人和波斯人之间的战争。他为自己创造了人为的光学透镜的远距离。他决心不再一起受苦受难，他决心不再介入。他的天下就是自我。他只打算记录下一些回忆，整理出一些想法，让自己有比生活本身更多的梦想，同时耐心地期待着死神的来临，并为死亡做好准备。

他总是对自己说这样一些相同的话，就像我们大家在那些相似的荒唐时代里所经常说的那样：你不必为这样一个天下操心。你无法改变这样一个天下，你无法使这样一个天下变得更好。你就操心你自己吧！你就在内心深处拯救那些能够被拯救的事物吧！当其他人进行破坏的时候，你就进行建设吧！你就想方设法为身处疯狂之中的你保持理智吧！你就和外界隔绝吧！你就为自己建造一个自己的内心世界吧！

可是，眼下已经到了一五八〇年。他在自己的塔楼里已经待了十年，告别外界已经十年；十年前他曾以为他的一生已经结束，但是，他现在认识到他犯了错误，或者更确切地说，他犯了好几个错误——米歇尔·德·蒙田始终是一个愿意承认错误的人。如果说他犯了错误的话，他犯的第一个错误是:他认为人到了三十八岁就已经老了;他过早地为自己准备死亡,甚至可以说,他活着就躺进了棺材。现在他已经四十八岁,可是他却惊奇地发现,他的各种知觉并没有变得迟钝,而是变得更敏锐;思维更清晰;内心变得更豁达、更好奇、更急切。他知道他不会这么早就放弃生命,不会这么早就合上这部生命之书,好像他已经翻到了生命的最后一页似的呢。过去的十年是多么美好的时光呀!他可以博览群书;今天和柏拉图在希腊度过一小时;明天倾听塞内卡的至理名言一小时。和这样一些来自其他不同世纪的同道们——世上最优秀的人物待在一起,就是一种休息,并且使自己的心绪得到安宁。然而,他毕竟生活在自己的世纪里,纵使他不愿意。米歇尔·德·蒙田说:"我们可以惋惜我们没有生活在更美好的时代,但是我们无法规避现实的处境。"再说,时代的氛围也会透进那些紧闭的房间,尤其是那种令人激愤的氛围,那种抑郁的、狂躁的和暴风骤雨般的氛围。即便在封闭的隔离之中,我们也会感受到这样一些氛围;如果我们的国家处于一片动乱之中,我们的心灵也不可能安宁。同样,米歇尔·德·蒙田也会从城堡的塔楼和透过窗户感觉到时代的动荡;他能给自己一个间歇,却无法完全摆脱时代。

尔后,米歇尔·德·蒙田渐渐认识到自己的另一个错误是:他为了寻找自由,采取的办法是远离这个大千世界、远离政治、远离官职、远离经营;隐居到自己家中,隐居到家庭这个小天地。可是不久他感觉到,他只不过是把一种束缚更换成另一种束缚。这对他想把自己扎根在自己的土地上,一点帮助都没有。他在自己的这片土地上,同样有葛藤和杂草纠缠树干,同样有惶恐不安的老鼠啮啃树根。他自己建造的、无人可以进入的塔楼同样对他帮助不了什么。当他从书房的窗户向外瞭望时,他会看到田野上成熟的庄稼,同时也会联想到变烂的葡萄;当他打开书本读书时,他同时会听到塔楼底下吵架的声音,而且他知道,如果他此时此刻走出自己的书房,他就会听到家里的人对邻居们的抱怨,就会听到对经营管理的担忧。他在这里并没有那种隐士的清静,因为他有家产。家产只是为那些对此有乐趣的人准备的。而米歇尔·德·蒙田并不留恋家产。米歇尔·德·蒙田说:"积攒钱财是一桩难事,我对此一窍不通。"可是家产纠缠着他,家产束缚着他。米歇尔·德·蒙田清楚地认识到自己的处境。他知道:以长远的目光看,所有这一切伤脑筋的事都只不过是小小的忧虑而已。他自己很愿意将这一切抛弃。米歇尔·德·蒙田说:"放弃全部经营,对我来说很容易。"不过,一个人一旦干上经营这种事,他就不好撒手不管。"再说,料理这些事,要想不操心,也不容易。"况且,米歇尔·德·蒙田本人也不是一个鄙弃享乐的第欧根尼[3]。他爱他的城堡,他爱他的家产,他爱自己的贵族头衔,他甚至坦率地承认,为了使内心有一种安稳的感觉,他始终随身带着一只盛有黄金的小钱匣呢。他享受他的贵族老爷的地位。他说:"我承认,能对一些事情做主是一种享受,即便只是主管一座粮仓和在自己的屋檐下有唯命是从的人。但是,这是一种令人感到无趣的享受,而且会被一连串伤脑筋的事弄得索然无味。"米歇尔·德·蒙田阅读柏拉图的书,但又不得不经常申斥佣人,不得不和邻居们打官司。每一次修理什么物件都会成为操心的事。现在,生活的智慧要求他不要再为这些琐碎小事操心了。可是我们每个人都知道,一个人一旦有了家产，他就脱离不开家产；或者说，家产会用数以千计的小弯钩把你钩住。但是，有一件事能帮助你，那就是：疏远——疏远会改变一切。唯有躯体的远离才会赋予内心的疏远。米歇尔·德·蒙田说："刚一离开城堡，我就把我心中的一切念头都抛到九霄云外去了。如果这时候我的城堡里的塔楼坍塌了，我对此事的关心不会比我当时的住房从屋顶上掉下一块木制的瓦片更多。"〔4〕谁把自己局限于一个小天地，他的心胸就会狭窄。一切都是相对的。米歇尔·德·蒙田总是说，我们所忧虑的事情往往不是事情的原来程度，而是我们不是把事情夸大了就是把事情缩小了。所有的事物都没有自己的分量，而是我们给予的分量。近的事物比远的事物更使我们操心。而且，我们越是在狭小的环境之中，鸡毛蒜皮的小事就越会使我们闷闷不乐。

在米歇尔·德·蒙田经过一段时间的隐居生活之后的四十八岁那年，所有这些想法又重新在他心中唤起"漫游世界的心情"。他要从一切习惯的、有规律的生活和安稳之中重新回到大千世界。米歇尔·德·蒙田以他通情达理的、十分可爱的坦率说出了自己的打算，而且像他一贯喜欢直截了当一样，他把自己的打算说得很清楚，这是我们每个人都能感觉到的。我们从他的字里行间一定还能看出他要躲避寂寞的另一个原因——一个并非不重要的原因，那就是：家庭的束缚和夫妻生活的单调；米歇尔·德·蒙田是一个到处寻找自由和希望生活不断变化的人。此外，我们还有这样一种感觉：他似乎在居家生活中并不完全幸福。

他说，婚姻本身有用，婚姻是法律上的男女结合，婚姻是一种体面，婚姻是一种忠诚——然而这一切都是"索然寡味和一成不变的满足"。米歇尔·德·蒙田不是一个墨守成规的人，他既不喜欢索然寡味的满足，也不喜欢一成不变的满足。

他的婚姻不是出于爱情的婚姻，而是一种出于理性考虑的婚姻。他固然对那些出于爱情的婚姻很不以为然，而把出于理性考虑的婚姻声称为唯一正确的婚姻——他曾用无数类似的话反反复复这样说，并且说，他自己只不过是顺应习俗而已。而人们数百年来不能宽宥他的是：他曾一本正经地说，女人拥有比男人更多的更换情人的权利，是呀，难怪有些传记作者怀疑米歇尔·德·蒙田是不是他的最后几个孩子的父亲。

这一切可能是推理的看法吧。不过，在结婚以后多年还听到他说下面这样的话，确实令人诧异。他说："在我们这个世纪里，女人习惯于把她们自己对丈夫的感情和对丈夫的一番好意要一直拖延到自己的丈夫死去时才表现出来。只有当她们的丈夫死了，她们才表现出她们对丈夫的爱。我们活着的时候争吵不休；我们死去时才带着爱和关怀。"他甚至还加上让人惊讶的话："有些女人守寡，对她们的健康没有好处，而生理健康毫无疑问意味着有质量的生活。"苏格拉底可能根据自己和妻子——一个尖嘴薄舌、好争吵的女人——的经验向别人谈起过夫妻生活，可是没有说得比米歇尔·德·蒙田更让人难堪。米歇尔·德·蒙田说："因此你不必介意女人哭肿的眼睛。"我们相信下面这些话是他在离别时说给他自己的妻子听的。他说："一个女人不应该把自己的目光如此含情脉脉地盯着自己丈夫的脸，以致她不忍心看到自己的丈夫背转身去，当丈夫不得不这样做的时候。"

> 当米歇尔·德·蒙田谈到一种美满的夫妻生活时,他总会立刻加上一句条件句作为限定:"假如有这样一种美满的夫妻生活的话。"

他认识到,那孤寂的十年是不错的;不过,十年时间也就够了,而且也太长了。他觉得,那十年生活使他处于僵化状态,使他变得思想狭隘。如果有人想要毕生防止自己的思想僵化,那么此人就是米歇尔·德·蒙田。一个有创造性的人总会有一种本能告诉自己,什么时候该是他改变自己生活的时候了。米歇尔·德·蒙田正是以这样一种本能认识到正确的时刻。他说:"当你把家中的一切都安排好了,便是你离家的最佳时间,因为这样的话,即使没有你,一切也都会做得很好。"[5]现在,他已经把自己家中的一切安排好了。庄稼地和财物都安排得井然有序;银袋充盈,足够他进行一次漫长旅行的开销。此前,他曾因为怕钱不够而对远行有顾虑,正如他自己所说,一个人不应该为了一次旅行的愉快而在归途中付出发愁的代价,而现在他有足够的钱,什么都负担得起。至于他的那笔精神财富,他也已安排妥当。他已把自己的《蒙田随笔集》的手稿送去付印,而且那两卷书——他的生活的结晶——已经印出来了[6]。《蒙田随笔集》第一版的出版工作已告结束。他已把《蒙田随笔集》写完,用歌德最爱用的一句话来说,这好似一张已经蜕下的蛇皮。现在是重新开始的时候了。他呼出了气,现在就该重新吸气了。他曾经把自己扎根在这里,现在就该把自己重新从这里拔出来。一个新的阶段开始了。一五八〇年六月二十二日,在经过十年自愿隐居之后,四十八岁的米歇尔·德·蒙田启程外出旅行去了——米歇尔·德·蒙田还从来没有做过一件事像这次旅行似的完全自觉自愿。这次旅行使米歇尔·德·蒙田离开自己的妻子、离开自己的城堡,离开家乡和工作,离开所有的一切将近两年;唯独没有离开自我。

这是一次没有目的地的旅行,是一次为旅行而旅行,或者更确切地说,是为了得到旅行的乐趣而旅行。此前,米歇尔·德·蒙田的旅行在一定程度上都是负有使命的旅行——受波尔多高级法院的委托,或出于为宫廷效劳的考虑,或出于经营方面的考虑,而更多的是学术性的考察旅行。但这一次是一次真正的旅行,目的是要发现自我——这是他旅行的一个永恒的目的;除此以外,没有任何其他目的。他没有任何打算。他不知道他将会看到什么。其实,是他根本不想事先知道什么。如果有人问他,他这次旅行的目的是什么,那么他会轻松愉快地回答:"我不知道我要在国外寻找什么;但我肯定非常清楚地知道,我要躲避什么。"[7] 他生活在同一个地方已经够长的了,现在他要过另一种不同的生活。不同之处越多越好!那些认为在自己家里一切都非常美好的人,很可能认为在居家的完全闭塞之中更幸福哩。米歇尔·德·蒙田却说:"他们的见识,我并不羡慕,但我羡慕他们的好福气。"[8] 可能会有人把他的爱旅行称作是"不安于现状的证明",把他的旅行称作为"没有一个准主意"。这时米歇尔·德·蒙田就会笑着说,他们说得对。米歇尔·德·蒙田说:"我只是在梦境中和通过愿望本身看到了我想在哪里逗留。我对这样一种独特的游玩方式很满意。"正是在这次旅行中,最使他着迷的是,天下竟有那么多的不同——语言、天空、各种习俗、各种各样的人、气压、各种烹调、道路乃至睡的床都不一样。他说:"除了把自己置身于完全不同的生活习惯之中和让自己看到人的本性有无限的多样性之外,我不知道在生活中还有比这更好的学校。"[9]因为目睹对他来说就是学习、就是比较、就是更好的理解。

米歇尔·德·蒙田外出旅行的目的就是让自己自由自在。他在整个旅行过程中树立了一个自由的榜样。他凭自己的感觉旅行,如果可以这样说的话。他在旅行中避免会使自己想起一切职责,即便是一种为了自我的职责。他不作任何计划。他顺着一条路走,这条路通向哪里,他就到哪里;他顺着自己的情绪走,情绪把他引向哪里,他就到哪里。他要让旅行左右他,而不是他去左右旅行,如果可以这样说的话。米歇尔·德·蒙田老爷不愿意在波尔多就知道,他在巴黎时会到哪里去,或者下一周在奥格斯堡时会到哪里去。这应该是另一个米歇尔·德·蒙田——在奥格斯堡的米歇尔·德·蒙田或者在巴黎的米歇尔·德·蒙田在自由之中做出的决定。他要让自己始终保持自由。

米歇尔·德·蒙田说:"我的目的就是过自己的生活并使自己感到高兴,此外没有其他目的。"

只是为了让自己活动而活动。米歇尔·德·蒙田说:"生命意味着生理和身体的活动。"米歇尔·德·蒙田说:"如果我认为我错过了什么,那么我就会顺着原路走回去。"无拘无束渐渐地成了他的一种癖好,甚至有时候当他在路上知道这条路通向何处去的时候,他就会隐隐约约感到心情沉重。米歇尔·德·蒙田说:"我认为,一直处于旅途之中是最使人快乐的事,以致我快要接近我计划中要在那里停留的地方时，我心里就会觉得不快，同时我会想到各种不同的可能性：如何使我能够按照自己的意愿和自己的舒适方便，单独一个人去旅行。"米歇尔·德·蒙田不寻找名胜古迹，因为他认为凡是和他以前看到过的事物不相同的事物才值得一看。和常人相反，如果有一处地方非常著名，那么他就想，他自己最好避开那个地方，因为那个地方已经有太多的其他人去看过了，而且也被许多人描述过了。在他到达罗马——所有世人的旅游目的地——之前，他就事先感觉到，那里几乎不会令人愉快，因为罗马是所有世人的旅游目的地。米歇尔·德·蒙田的秘书在《旅行日记》中写道："依我看，如果他完全为自己着想，他真的更乐意直接去克拉科夫[10]，或者走陆路去希腊，而不太乐意做穿越意大利的旅行。"米歇尔·德·蒙田的原则总是：不同之处越多越好，即使他找不到他所期待的事物，或者他找不到别人让他期待的事物，他也不会不满意。米歇尔·德·蒙田说："如果我找不到人们让我在某个地方期待的事物——因为正如我所发现的，绝大多数报道是假的——我也不会抱怨我白费了力气，因为我至少明白了，这一件事或那一件事都不是真的。"[11]作为一个真正的旅行者，没有什么事情会使他失望。他像歌德一样对自己说：挫折也是生活的一部分。米歇尔·德·蒙田说："外国的习俗因其各不相同只会使我感到愉快。我认为，任何一种习俗就其本性而言都是正确的。不管是用白镴的餐盘、木制的餐盘还是陶质的餐盘给我端来食物，我觉得全都一样，不管我盘中的肉是煮的还是煎的，不管盘中的食物是热的还是凉的，不管他们递给我的是黄油还是素的食油，是果仁还是橄榄，我也觉得全都一样。"[12]米歇尔·德·蒙田——这位一贯的相对论者为他自己的那些固执偏见的老乡们感到惭愧。那些老乡们只要刚一离开自己的村庄,刚一离开自己的环境,就必定要对任何一种和自己的习俗相悖的习俗进行争论。而米歇尔·德·蒙田却愿意在异国他乡看到新鲜的事物。他说:"我不会在意大利的西西里岛去寻找法国的加斯科涅人[13],我在自己的家乡已见过许多加斯科涅人。"[14]所以米歇尔·德·蒙田愿意避开那些他相当了解的老乡。他愿意有自己的判断,但他不愿意有偏见。正如我们在米歇尔·德·蒙田身上学到了许多知识一样,我们也在他身上学到了我们应该怎样旅行。

我们从米歇尔·德·蒙田为这次旅行所做的解答中可以感觉到,他的家人似乎曾怀着各种担心中的最后一种担心:"如果你在国外病了,你怎么办?"——他的家人问他,试图把这位热衷于旅行的人留在家里。事实上,当时米歇尔·德·蒙田已患病三年。那种疾病可能会侵袭那个时代的所有学者——看来是由于总是坐着的生活方式和不审慎的饮食。像伊拉斯谟、让·加尔文一样,米歇尔·德·蒙田患有肾结石,而且骑着马在陌生的道路上奔波疾走几个月,对他来说似乎也是一种过分的苛求。不过,米歇尔·德·蒙田之所以要外出旅行,并不仅仅是为了获得自由,同时也是为了要在这次旅行中尽可能重新恢复自己的健康,因此他对家人提出的上面这个问题,只是不动声色地耸耸肩膀而已。米歇尔·德·蒙田说:"如果右边天气阴沉多雨,我便向左边走;如果遇上不宜骑马的地方,我就停下……我身后是否还有什么景物可看?若有,我便返回去,因为那也是我要走的路。"[15]同样,他对家人担心他可能死在国外也作了回答:

"如果我害怕客死异乡,如果我考虑远离亲人死也死得不自在,那么,我恐怕很难迈出法国国界一步,连走出我的教区都可能不无恐惧,因为我感觉死神在不停地掐我的喉咙,刺痛我的腰。然而,我生来是另一种人:对我而言,死亡在任何地方都是一回事。倘若我不得不进行选择,我相信,我愿意死在马上而不愿死在床上。"[16]

作为一个真正的普世主义者,客死在异国他乡,对米歇尔·德·蒙田来说无所谓。

一五八〇年六月二十二日,米歇尔·德·蒙田骑马走出他的城堡大门,奔向自由。随行的有他的妹夫、几位朋友[17]和二十岁的弟弟。挑选出来的人并不完全都交上了好运。后来,米歇尔·德·蒙田自己也说,这些旅伴并不完全合适;而这些旅伴从他们自己这方面讲,也没有少受米歇尔·德·蒙田到异域旅游时的那种古怪的我行我素之苦。虽说这不是一次大贵族的出行,但毕竟也是一队可观的人马。而最重要的是,米歇尔·德·蒙田在这次旅行中不带任何先入为主的偏见,不带一成不变的观念,也没有自以为是觉得自己有多高贵。

他们先到巴黎——这座米歇尔·德·蒙田一贯十分喜爱并一再使他心醉神迷的城市。

《蒙田随笔集》的若干册书已先于他出发,不过,他还是亲自带着两卷《蒙田随笔集》,以便将书献给国王亨利三世。亨利三世戎马倥偬,原本对此书并无多大兴趣,可是王宫里到处都在读这两卷书并且使人着迷,因此亨利三世也阅读了这两卷书,而且还邀请米歇尔·德·蒙田参加围攻拉费尔[18]要塞的战斗。对一切都感兴趣的米歇尔·德·蒙田在经过多年之后又看到了真正的战争场面,同时也看到了战争的可怕,因为他的一位朋友——菲利贝尔·德·格拉蒙伯爵[19]在那里被一颗子弹击毙了。他伴送这位朋友的遗体到苏瓦松[20]。一五八〇年九月五日,米歇尔·德·蒙田开始写那部引人注目的《旅行日记》[21]。这和歌德有惊人的相似之处。当年,歌德的父亲约翰·卡斯帕尔·歌德——一位文笔简洁的商人和米歇尔·德·蒙田的父亲皮埃尔·埃康——一位跟随弗朗索瓦一世出征意大利的士兵,都是在意大利开始写日记的,并把日记从意大利随身带回家;后来,就像那位皇家顾问约翰·卡斯帕尔·歌德[22]的儿子歌德一样,皮埃尔·德·蒙田的儿子米歇尔·德·蒙田也继承了这一传统。米歇尔·德·蒙田的秘书把所有发生的事都记在《旅行日记》里,直至罗马。到了罗马,米歇尔·德·蒙田让秘书休假了,然后他自己继续写日记,并按照自己的意愿:尽可能让自己适应意大利的情况——因而用相当不规范的意大利语写,直至他重新踏入法国国境线的那一天为止。米歇尔·德·蒙田说:"在踏入法国国境之内以后,大家都说法语,于是我也就放弃了用意大利语记日记。"米歇尔·德·蒙田的《旅行日记》使我们有可能知道那次旅行的始末。

> 米歇尔·德·蒙田原本是要让别人写《旅行日记》的。据说,他让他的秘书为他记载。但后来米歇尔·德·蒙田说:"这样做,对我来说也是非常的不方便,于是我不得不自己把《旅行日记》继续写下去。"

他们离开巴黎后的第一站,是前往普隆比耶尔·莱·第戎[23]附近的几处温泉,米歇尔·德·蒙田先在那里进行了十天的超常规水浴,想以此来治愈他的肾结石。然后,他们途经巴塞尔、沙夫豪森、康斯坦茨、奥格斯堡、慕尼黑和蒂罗尔到达维罗纳、维琴察、帕多瓦和威尼斯,再从威尼斯途经费拉拉、波伦亚和佛罗伦萨到达罗马,那一天是一五八〇年十一月十五日。《旅行日记》不是文学作品,更何况仅仅是米歇尔·德·蒙田著作中最小的一部分,再则,《旅行日记》主要不是米歇尔·德·蒙田用自己的母语法语写的。所以,《旅行日记》表现的不是文学家米歇尔·德·蒙田;却向我们展示了这一位有着自己各种品性,甚至有着自己小小弱点的人。其中一个令人感动的性格特点是,他的那种光宗耀祖的抱负:这位鱼商和犹太商人孙子一辈的米歇尔·德·蒙田把自己绘制得非常漂亮的家族纹章作为特别珍贵的告别礼物赠送给客栈的女店主们。这始终是一件让人觉得挺可笑的事:将自己所干的各种傻事当成聪明之举,将自己的各种虚荣看成超凡脱俗——在这一点上,有谁能超过米歇尔·德·蒙田呢。

起初,一切都非常顺利。米歇尔·德·蒙田的心情好极了。好奇心战胜了他的疾病。这位一直揶揄自己"已属于高龄"的四十八岁的人,在耐力方面却超过那些年轻的旅伴。每天一大早,他一吃完早餐,就跨在马鞍上了。他觉得坐轿子也罢,坐马车也罢,骑马也罢,步行也罢,还有吃的面包,一切都挺合适。糟糕的客栈与其说使他生气,不如说使他觉得有趣。他的主要乐趣是看到了人——到处都是不一样的人、不一样的习俗。他四处探访人,况且是各种阶层的人。他想从每个人那里知道,此人自己想吃的"野味"——我们通常所说的"业余爱好"——是什么。因为是他要找的人,所以他不考虑此人的地位。他在费拉拉和公爵一起进餐;他在罗马和教皇进行毫不拘束的谈话,同样,他也和新教的牧师们、茨温利派[24]的教徒们、加尔文派的教徒们聊天。他认为值得看的景物并不是人们在《贝德克尔旅游指南》[25]上能找到的。他在《旅行日记》里很少谈到关于拉斐尔和米开朗琪罗以及沿途的建筑物。但是米歇尔·德·蒙田亲眼见过一个罪犯被处决。他还被一个犹太人家庭邀请去参加一次割礼。他去当地的图书馆。在卢卡[26],他去过几家意大利式的澡堂,他还请农妇们一起跳舞;他会和任何一个流浪汉闲聊。但他不会为任何一件公认的珍奇之物去跑断腿。他认为,凡是自然天成的事物就是奇珍异宝。和歌德相比,米歇尔·德·蒙田有一个很大的长处,那就是他不知道有温克尔曼[27]这个人,温克尔曼要求自己那个世纪里所有去意大利旅行的人都要把意大利当作艺术史来研究。而米歇尔·德·蒙田看到的则是活生生的瑞士和意大利。他认为,活生生的事物最重要。米歇尔·德·蒙田参加教皇主持的弥撒,受到教皇的接见,并和教廷圣职部的显贵们进行长时间的谈话,教廷圣职部的神父们为他的《蒙田随笔集》的第二版提出了宝贵的意见,并请这位伟大的怀疑论者放弃那个他使用过多的词——"命运",而改用"天主",或者用"天主的旨意"来取代。他在罗马被隆重地授予"罗马公民"的称号[28],是呀,这种荣誉是他自己主动积极争取到的——是这位最洒脱的人的心中一种新贵的虚荣心吧。但是这种虚荣心并不妨碍他坦率承认,他在罗马的主要兴趣就像他此前在威尼斯一样，是在妓女们身上。他在《旅行日记》中记述妓女们的习俗和独特的语言与行为，要比他记述西斯廷教堂和佛罗伦萨的主教堂更多。一种新的青春又回到了米歇尔·德·蒙田的心中。新的春心寻找着自己的自然之路。看来，米歇尔·德·蒙田把从自己随身携带的藏有金币的钱匣里拿出来的一些钱花在这些妓女们的身上了；其中一部分钱是用来支付和妓女们谈话费用的。正如米歇尔·德·蒙田所描述，这些妓女要求为谈话支付的费用常常要比她们为其他服务收费更多。这次旅行使米歇尔·德·蒙田春心荡漾。

（此处是关于情爱的内容。——德语原书编者注）

尽管有肾结石（！）米歇尔·德·蒙田还是骑着马走到妓女们的院前和庭内。

米歇尔·德·蒙田在旅行的最后一段时间被自己的疾病弄得垂头丧气。他去做治疗，而且是一种土法治疗。他讨厌看医生，故而他为自己发明了一些疗法。就像他凡事都要自作主张一样，他要做自己的医生。可是病情相当严重。除了几种慢性病外，还有牙痛和头痛的苦楚。他甚至有过自杀的念头。正在这种痛苦之中，一个消息传来——这个消息是否使他高兴，令人怀疑——波尔多的市民们已选举米歇尔·德·蒙田为他们的市长。人们不禁会对这项任命感到意外，因为米歇尔·德·蒙田十一年前辞去他的官职时仅仅是一名市议员。想必是《蒙田随笔集》这部书新近得到的种种荣誉使波尔多的市民们有理由要求米歇尔·德·蒙田一定得有这样的地位。可是米歇尔·德·蒙田对此事毫不知情，更没有促使其成。也许是米歇尔·德·蒙田的家人想用这样的诱惑设法把他召回去吧。但不管怎么说,米歇尔·德·蒙田回到了罗马[29],然后从罗马回到自己的家和妻子身边。一五八一年十一月三十日——他准确记载的日期,米歇尔·德·蒙田在离别了十七个月零八天以后,重又回到了自己的城堡。他显得比以前更年轻、更精神、更生气勃勃。两年以后,他的最小的孩子出生。

注 释

〔1〕 查理九世（Charles Ⅸ, 1550—1574），法国国王（1560—1574 年在位）。
〔2〕 普拉提亚（Plataä），古希腊一城市名，公元前 479 年，希腊联军在此重创波斯军。参阅本书第一章注〔35〕。
〔3〕 语录参阅马振骋译《蒙田全集》第 3 卷第 9 篇《话说虚妄》，第 176 页。关于语录中所说的第欧根尼是指锡诺伯的第欧根尼，参阅本书第五章注〔10〕。
〔4〕 当时法国的不少房舍，屋顶是木制瓦片。
〔5〕 语录参阅马振骋译《蒙田全集》第 3 卷第 9 篇《话说虚妄》，第 182—193 页。
〔6〕《蒙田随笔集》第 1 卷和第 2 卷于 1580 年 3 月 1 日在波尔多由西蒙·米朗日（Simon Millanges）出版商出版。
〔7〕 语录参阅马振骋译《蒙田全集》第 3 卷第 9 篇《话说虚妄》。
〔8〕 同上。
〔9〕 同上。
〔10〕 克拉科夫（法语 Cracovie, 波兰语 Kraków），波兰一城市名。
〔11〕 语录参阅马振骋译《蒙田全集》第 3 卷第 9 篇《话说虚妄》。
〔12〕 同上。
〔13〕 蒙田田庄地处法国加斯科涅郡（Gascogne），故米歇尔·德·蒙田把加斯科涅人（Gascogner）称作他的老乡。
〔14〕 语录参阅马振骋译《蒙田全集》第 3 卷第 9 篇《话说虚妄》。
〔15〕 同上。
〔16〕 在斯蒂芬·茨威格著《蒙田》的原来打字稿中，此处留下几行空白，表示斯蒂芬·茨威格打算以后在此处增添内容。在 1960 年费舍尔出版社出版的斯蒂芬·茨威格著《欧洲的遗产》（*Europäisches Erbe*）一书中，该书编者里夏德·弗里登塔尔（Richard Friedenthal）补写

了这一段话，可能是根据斯蒂芬·茨威格手写的笔记。——德语原版书编者注

这段语录参阅马振骋译《蒙田全集》第 3 卷第 9 篇《话说虚妄》。

〔17〕 几位随行的朋友中，有一位洛林的绅士杜奥图瓦，一位名叫代蒂萨克，他是普图瓦名门望族的后裔，这个家族是拉伯雷的保护人。此外，还有米歇尔·德·蒙田的秘书以及若干名仆役。

〔18〕 拉费尔（La Fère），法国一地名。

〔19〕 菲利贝尔·德·格拉蒙伯爵的法语原文：Philibert de Gramont。

〔20〕 苏瓦松（Soissons），法国一地名。

〔21〕 1580 年 9 月 5 日，米歇尔·德·蒙田开始写《意大利之旅》，参阅马振骋中译本《蒙田全集》第 4 卷第 1—229 页。在斯蒂芬·茨威格著《蒙田》书中称《旅行日记》。参阅《米歇尔·德·蒙田年谱》1580 年记事。

〔22〕 歌德的父亲约翰·卡斯帕尔·歌德是位殷实的市民，因得不到贵族的看重，便花钱从德意志神圣罗马帝国皇帝卡尔七世（Karl Ⅶ，1697—1745，1742 起任皇帝）那里买来一个皇家顾问的空头衔。

〔23〕 普隆比耶尔·莱·第戎（Plombières-lès-Dijon），法国一地名。

〔24〕 茨温利（Zwingli，1484—1531），瑞士宗教改革家，苏黎世大教堂的"民众神父"（1518—1531 年任职），提出《六十七条论纲》，否认罗马教廷的权威。

〔25〕 贝德克尔（Karl Baedeker），19 世纪德国一出版商，出版发行《贝德克尔旅游指南》，后泛指旅游指南。

〔26〕 卢卡（Lucca），意大利中部城市名。

〔27〕 温克尔曼（Johann Joachim Winckelmann，1717—1768），18 世纪德国考古学家和艺术史家。1755 年起在罗马作考察旅行，1764 年发表主要代表作《古代艺术史》（*Geschichte der Kunst des Altertums*），从而成为德国考古学的奠基人之一。1786 年，37 岁的歌德隐姓埋名，离开魏玛，根据温克尔曼《古代艺术史》中的记述，漫游意大利，参观名胜古迹，旅途中作了许多绘画，1788 年，39 岁的歌德回到魏玛，著有《意大利游记》。

〔28〕 1580 年 11 月 15 日，米歇尔·德·蒙田抵达罗马，并谒见教皇，将

《蒙田随笔集》交给教廷圣职部，得到认可。1581年3月13日，米歇尔·德·蒙田接受正式的"罗马公民资格证书"。他被授予"罗马公民"，是自己积极争取到的。他在《意大利之旅》中说，他得到教皇的膳食总管菲利波·穆索蒂的帮助，是教皇的权威帮助他实现了自己的愿望。

〔29〕 米歇尔·德·蒙田于1581年先从意大利的卢卡和维拉温泉浴场返回罗马，1581年10月15日离开罗马回国，11月30日回到蒙田城堡。

第八章　最后的岁月

米歇尔·德·蒙田曾想要做到世界上最难做到的事：过自己想过的生活，享有自由，而且变得越来越自由。米歇尔·德·蒙田现在已经五十岁，他认为自己已接近这个目标。然而一件不寻常的事发生了：恰恰是在他打算不再过问世事和专注于自己生活的眼下，世人却在寻找他。他年轻时曾打算要为国家效劳，从而得到显贵，可是没有如愿；而眼下，却有人要把显贵给予他。他曾表示自愿为国王们效劳和为宫廷尽力，可全都白费劲；而眼下，却有人要求他去做一些始终是新的和越来越崇高的事情。恰恰是米歇尔·德·蒙田只打算想要认识自己的眼下，别人却已认识到了米歇尔·德·蒙田的价值。

一五八一年九月七日，他接到一封信，此信通知他："在一致赞成的情况下"他被任命为波尔多市市长[1]——而米歇尔·德·蒙田本人并未参与其事，来信请求他出于"对祖国的爱"接受此项重任——对米歇尔·德·蒙田而言，这确实是重任。米歇尔·德·蒙田当时似乎还没有下决心要放弃自由。他觉得，自己作为一个身有疾患的人，而且被自己的肾结石折磨得死去活来，甚至有时候想到要自杀的人怎么能接受这样的官职呢？——"如果一个人无法消除这种病痛，那么他必须有勇气并迅速地做一个了结，这是唯一的药方、唯一的通例、唯一的识时务。"[2]——既然如此，他究竟为什么要去接受一个官职呢？因为他已经认识到，接受官职势必要放弃自己内心的自由，更何况一个官职只会给他带来劳累，既不能带来金钱，也不能带来特别大的荣耀。可是他刚一回到自己的城堡，就看到国王亨利三世的亲笔信，信上签署的日期是一五八一年十一月二十五日。这封信相当清楚地把波尔多市民们的仅仅只是一种愿望变成了一道命令。亨利三世国王在信的开头客气地写道，如果这一次没有米歇尔·德·蒙田参与的选举能被确认，也就是说，这次选举若能自动生效，亨利三世国王会感到多么高兴。不过，亨利三世国王钦命米歇尔·德·蒙田"不要拖延，也不要找借口"，立即去上任。下面这最后一句话则是十分明确地把任何退路都切断了："如果你这样做，你就迈出了令我十分高兴的一步；如果你不这样做，将会让我非常不悦。"[3]对国王的这样一道命令不可能有任何违抗。就像他非常不情愿地从父亲那里继承了胆结石症一样，他眼下也是非常不情愿地继承了他父亲的这笔遗产——市长的职位。

他做的第一件事情——这符合他特别诚实的本性——是告诫他的选民们：他们不应该期待他会像他父亲那样毫无保留地献身，他曾亲眼看到自己父亲的心灵"在公众事务的纠缠中受到痛苦的骚扰"，看到父亲为了自己的职责毫无保留地牺牲了自己最美好的岁月，牺牲了自己的健康和自己的家庭生活。米歇尔·德·蒙田虽然了解自己不计怨仇、没有野心、不贪钱财和厌恶残暴,但米歇尔·德·蒙田也知道自己的缺点:他的记性差、缺乏警惕、缺乏经验和魄力[4]。正如他的一贯作风,米歇尔·德·蒙田决心为了自己,继续保持他最后剩下的、最优秀的、最珍贵的品质,那就是:以最大的认真和忠诚履行自己的职责,但不会做更多的事情。为了向外界表明他不会离开自己的生活,他没有在波尔多市安置自己的寓所,而是继续住在蒙田田庄自己的城堡里。看来,他在那里为市长这个职位所投入的精力、劳累和时间,仅仅是别人的一半,不过,由于他的灵敏的眼光和关于人世间的渊博知识,他的业绩却超过以往任何一个市长。一五八三年七月,他的首次市长任职期满以后,他再次被选举为任期两年的市长,这证明他此前所做的工作令人满意。

然而,宫廷、国家、广大的政界人士要求他在这样一个职位上所做的事情,即他应尽的职责,并不仅仅满足于波尔多市要求他做的事情。先前,那些有权势的人曾带着某种不信任对米歇尔·德·蒙田观察多年,那些搞党同伐异的人物和职业政治家们一直对这位思想自由、特立独行的米歇尔·德·蒙田不信任。他们责备米歇尔·德·蒙田在这样一个"天下的人都大有作为"的时代里——正如米歇尔·德·蒙田自己所说——不积极主动。先前,他没有和某个国王亲自结交,也不参加某个派别和某个群体。他不是按照派别、按照宗教信仰选择自己的朋友,而是按照他们的功绩选择自己的朋友。像米歇尔·德·蒙田这样的人,在那个不是站在这一边就是站在那一边的时代里——在法国受到胡格诺派取得胜利的威胁,或者受到胡格诺派被铲除的威胁这样的时代里——是不会被重用的。可是眼下的情况大不同于先前,在遭到内战的可怕蹂躏之后——在那种狂热本身被证明为荒谬之后,那种迄今被认为是缺点的不属于任何宗派突然在政治生活中变成了优点,而这位始终不受偏见和错误判断影响的米歇尔·德·蒙田——由于他这样的优点和自身的声誉曾一直刚正不阿地置身于宗派斗争之外——便成了理想的调解人。法国的形势有了令人瞩目的变化。安茹公爵[5]去世后,根据撒利安人(古代法兰克人部落之一)的法律,那瓦尔王国[6]的国王亨利·波旁[7]作为凯瑟琳·德·美第奇太后的女婿成为法国国王亨利三世的王位合法继承人。但是,这位那瓦尔的亨利是胡格诺派教徒,而且是胡格诺派的首领,因而他和要镇压胡格诺派的法国朝廷严重对立。十年前,要在"圣巴托罗缪之夜"屠杀胡格诺教徒的命令信号就是从法国王宫的窗户发出去的。再说,吉斯领导的反胡格诺派也要竭力阻止这次按照法律程序的王位继承。由于那瓦尔的亨利眼下不打算放弃自己的权利,倘若他不能和执政的法国国王亨利三世达成和解,那么一场新的内战似乎不可避免。为了这项必须确保法国和平并具有世界历史意义的伟大使命,像米歇尔·德·蒙田这样一个人是理想的斡旋者,这不仅和他的宽容的信念相称,而且也因为他本人既是国王亨利三世信赖的人,也是要求继承王位的那瓦尔的亨利信赖的人。是友情把米歇尔·德·蒙田和这位年轻的未来法国国王那瓦尔的亨利联系在一起。甚至在那瓦尔的亨利被天主教会开除教籍的时候,米歇尔·德·蒙田还和他保持着友情呢。正如米歇尔·德·蒙田后来在文章中所写,他为了保持和那瓦尔的亨利的这份友情,不得不在自己的神父面前把这作为一种罪过来忏悔。

一五八四年，那瓦尔的亨利带着四十名贵族和他的全体随从到蒙田城堡来看望米歇尔·德·蒙田，他就睡在米歇尔·德·蒙田的床上[8]，他把极其秘密的任务托付给米歇尔·德·蒙田。若干年以后，当亨利三世和这位未来的亨利四世之间再次出现危机——而且是最最严重的危机——的时候，这两位君主恰恰又一次把米歇尔·德·蒙田召来担任他们的斡旋者——这证实了米歇尔·德·蒙田当年执行那瓦尔的亨利的使命是多么值得称道、多么可靠！

一五八五年，米歇尔·德·蒙田第二次任波尔多市市长的任期就要结束。为了他的光荣卸任，人们原本会献给他各种荣誉和赞美之词，可是命运却不愿意为他准备如此美好的去职。在再次煽起的胡格诺派和天主教同盟的激烈内战中，在波尔多市面临危险的日子里，米歇尔·德·蒙田曾一直勇敢和坚强地严守岗位。他为这座城市做好了防御准备，进行了武装，白天甚至夜里有士兵守卫。然而，面对另一个敌人——面对那一年在波尔多爆发的鼠疫，他不得不狼狈出逃，米歇尔·德·蒙田把波尔多这座城市丢下不管了[9]。在以自我为中心的米歇尔·德·蒙田的本性中，对他而言，他自己的健康始终最重要。也许他不是英雄，而且他也从未把自己装扮成英雄。他不是那些伟大的主教们——比如，像卡匹斯拉姆斯[10]这样的主教——中间的一员。我们今天已不再能够想象鼠疫在那个时代意味着什么。我们只知道，鼠疫到处成为一个逃亡的信号。对伊拉斯谟和其他许多人来说，也都是如此。在不到六个月的时间内，在波尔多这座城市里就死去了一万七千人，占居民的一半。谁付得起一辆车或一匹马的钱，谁就会逃之夭夭。只有小人物依然留在波尔多。在米歇尔·德·蒙田的田庄里也发现了鼠疫，于是他决心离开自己的家。他们——年老的母亲安托瓦妮特·德·卢普、他的妻子和他的女儿全都准备出去逃难。米歇尔·德·蒙田现在可是有了展示自己精神力量的机会了，因为"成千种不同种类的疾病突然接踵而至"。米歇尔·德·蒙田还遭受到重大的财产损失——他不得不撤走家中所有的人，而把房舍没有任何保护地留在那里，以致任何人都可以随心所欲地拿走自己想要的东西——大概也拿走了不少。米歇尔·德·蒙田没有穿大衣，只穿着原来身上的衣服就逃出了家门，再说，他还不知道该逃向何处呢，因为没有人会收容从一座闹鼠疫的城市里逃出来的一家人。"在鼠疫面前，朋友们互相害怕，他们自己吓自己，一旦有亲友要投奔这一家，这一家就恐惧万分；一旦在同行的人群中有一人开始抱怨自己的指尖感觉疼痛，其他的人就突然变换住处。"那是一次可怕的逃难：米歇尔·德·蒙田一行在逃难中看到了没有耕耘的田地，看到了无人居住的村落，看到了没有埋葬的患鼠疫而死的尸体。米歇尔·德·蒙田在六个月的时间里不得不"忧心忡忡地担当起这一队长长人流的领袖"。他已把波尔多市的全部行政管理工作托付给那些宣过誓的市政官吏们了；而那些市政官吏们却在此期间一封接着一封地给米歇尔·德·蒙田写信。看来，他们对米歇尔·德·蒙田的出逃感到愤慨，他们要求米歇尔·德·蒙田回来，最后他们通知米歇尔·德·蒙田，他的市长任期已满。但米歇尔·德·蒙田最终也没有回去参加规定的卸任仪式。

虽然在狼狈不堪逃避鼠疫的过程中，一些荣誉、一些赞美、一些尊严失去了,但"人"被救出来了。一五八五年十二月,鼠疫已被消灭,米歇尔·德·蒙田在经过六个月的颠沛流离之后重又回到自己的城堡,并且重又从事自己的旧工作:寻找自我、认识自我。他开始撰写新的一卷《蒙田随笔集》——《蒙田随笔集》第三卷。除了胆结石的病痛之外,米歇尔·德·蒙田摆脱了各种烦恼事,他又有了安宁。他现在静候着死神的来临;死神已多次"用手触摸过他"。看来,在米歇尔·德·蒙田经历了那么多的事情——战争与和平、见识世面、宫廷与孤独、贫穷与富裕、忙碌与悠闲、健康与疾病、旅行与居家、赫赫有名与默默无闻、爱情与仅仅是婚姻、友情与寂寞——之后,他也该得到安宁了。

但是,他还没有把所有的事都历练过,他还缺少这最后一件事。世人还要再召唤他一次。那瓦尔的亨利和亨利三世之间的紧张形势已变得剑拔弩张。国王亨利三世为反对这位王位继承人那瓦尔的亨利派遣了一支由儒于斯[11]指挥的军队,而那瓦尔的亨利则于一五八七年十月二十三日在库特拉[12]附近全歼了这支军队。那瓦尔的亨利现在完全可以作为胜利者进军巴黎,用武力取得继承王位的权利,或者甚至直接用武力夺取王位。但是,那瓦尔的亨利的智慧警告自己,不要为获得成功而孤注一掷。那瓦尔的亨利愿意再试一次谈判。在库特拉战役后的第三天,一支队伍骑着马向蒙田城堡奔跑而来。为首的人要求允许他立刻进入城堡。他,就是那瓦尔的亨利。他打算在自己取得胜利以后到米歇尔·德·蒙田这里来寻求建议:如何用外交手段,即用和平的手段最佳地利用这一次胜利。这是一项秘密使命。米歇尔·德·蒙田作为斡旋者的使命是前往巴黎,并向国王亨利三世提出米歇尔·德·蒙田自己的建议。看来,所谈的事并非无关紧要的小事,而是最具有决定性意义的一件事。这件事后来确保了法国的和平,也确保了那瓦尔的亨利自己的彪炳千秋的英明,这件事就是:那瓦尔的亨利皈依天主教。

米歇尔·德·蒙田立刻启程,那还是冬天。他在自己的随身箱子里带着经过修改的《蒙田随笔集》第一卷和第二卷的第四版,以及新写的《蒙田随笔集》第三卷的手稿。可是这次旅行却不是一次和平的旅行。他在途中遭到一支部队的袭击和抢劫。他又第二次亲身经历了这场内战:他刚一抵达巴黎——亨利三世当时不在那里——就被逮捕并被监禁在巴士底狱[13]。虽然他在狱中只待了一天,因为凯瑟琳·德·美第奇太后立刻让人把他释放了,但是这位到处寻找自由的人却不得不以这种形式再次体验自由被剥夺的滋味是什么。出狱以后,他为了和亨利三世进行商谈,便前往沙特尔[14]、鲁昂、布卢瓦[15]。随着这次使命的完成[16],米歇尔·德·蒙田的为官方服务宣告结束,他又回到自己的城堡。

如今,这位身材矮小的老头坐在这座城堡的塔楼上自己的书房里。他已经老了。头发脱光了,只露出一个圆圆的秃顶脑袋。自从漂亮的栗褐色的胡须开始灰白以来,他就把胡须剃掉了。在他的周围一片空荡;年迈的母亲年近九十,依然像幽灵似的在房间里走来晃去。兄弟们都已不在这里,女儿已出嫁并已住到女婿那里去了。他有这么一座城堡,却不知道这座城堡在他死后会落到谁的手里。他有自己的纹章,而这也是最后的纹章了。各种荣华富贵好像都已东流,可恰恰就在这最后的时刻,荣华富贵还要向他迎来呢;就是眼下，就是在这太晚的眼下，荣华富贵要把自己奉献给这位最瞧不起荣华富贵的人。一五九〇年，那瓦尔的亨利——米歇尔·德·蒙田可曾是他的朋友和顾问呢——已成为法国国王亨利四世。眼下，米歇尔·德·蒙田只需迅速赶往人群蜂拥的王宫，他肯定会在亨利四世国王那里享有崇高的地位，因为米歇尔·德·蒙田曾为亨利四世国王出过主意，而且是非常好的主意。譬如，他很可能出任在凯瑟琳·德·美第奇太后名下的圣米迦勒救济院的总管——一位为慈善事业出谋划策、举足轻重的御前顾问。然而米歇尔·德·蒙田什么也不想要。他仅满足于用一封信向国王致以问候并请求原谅他没有前来出席加冕典礼。他提醒亨利四世国王要宽大为怀，其中写了这样一句文笔优美的话："历史上一位伟大的征服者能引以为荣的是：他给予那些被他击败的对手们那么多的理由来爱他，就像他给予自己的朋友们那么多的理由来爱他一样。"〔17〕

国王们固然不喜欢谋求恩赐的人，但更不喜欢不谋求恩赐的人。几个月后，国王亨利四世给米歇尔·德·蒙田——国王自己以前的顾问——写了回信，口气似乎不甚委婉，目的是为了争取米歇尔·德·蒙田继续为他效劳，看样子，国王亨利四世好像要赐给米歇尔·德·蒙田一笔钱。不过，米歇尔·德·蒙田既然不情愿效劳，那么就不愿意蒙受把自己待价而沽的嫌疑。他满怀自豪地给国王亨利四世回信说："我从未从君主们的恩赐中得到过任何物质上的好处；对于这些物质上的好处，我既不渴求，更不愿无功受禄……陛下，我只要如我自己所希望的那样富有，足矣。"米歇尔·德·蒙田知道，他已成功地带着干净的双手离开了官宦生活——柏拉图曾把做到这一点称作人世间最难的事。米歇尔·德·蒙田回顾自己的一生,心满意足地写下这样一些话:"谁真的想要看到我的灵魂深处,那么他将会发现,我既无能力去亲近某个人,也无能力去伤害某个人;我既无能力复仇,也无能力嫉妒;我既无能力激起公愤,也无能力散布流言;我既无能力煽动骚乱,也无能力不信守自己的诺言;我从未由于攫取另一个法国人的家产或钱财而玷污我自己的手。无论是在战争时期还是在和平时期,我只靠我自己的所有而生活。我从未为自己的利益而不付给别人应得的报酬……我有我自己的律法和审判我自己的法庭。"

在米歇尔·德·蒙田去世前的一段时间里,那些最高层的权贵们曾召唤过他,可米歇尔·德·蒙田早就不想再见到他们了,也不再指望他们了。在米歇尔·德·蒙田去世前的一段时间里,在这位自己觉得已经年迈的人身旁,除了萦绕着他的"自我"的影子和他的"自我"的一部分,同时还萦绕着他早已不再希望得到的温柔和爱情的光芒。他曾忧伤地说过,也许只有爱情还能唤醒他。眼下,匪夷所思的事发生了。一位出自法国名门望族的年轻姑娘玛丽·德·古尔奈对米歇尔·德·蒙田的书表现出无比的热情,而她的年龄几乎不比刚刚出嫁的米歇尔·德·蒙田的小女儿大。古尔奈热爱米歇尔·德·蒙田的书,崇拜米歇尔·德·蒙田的书;她在米歇尔·德·蒙田身上寻找自己的理想。后来,她不仅喜爱这位作者,喜爱这位作家,而且也爱上了他本人;这种爱究竟有多深,走多远,就像许多类似的情况一样,始终说不清道不明。只不过米歇尔·德·蒙田越来越频繁地到她那里去,一待就是几个月。玛丽·德·古尔奈成了米歇尔·德·蒙田的"义女"。米歇尔·德·蒙田把自己最珍贵的遗产托付给她:在米歇尔·德·蒙田去世后出版《蒙田随笔集》。

然后,米歇尔·德·蒙田——这位研究人生并研究人生中每一种经验的人——该更多地知道自己一生中最后的经验:死亡了。他辞世的时候不讲究排场,就像他活着的时候不讲究排场一样。是米歇尔·德·蒙田的朋友皮埃尔·德·布拉希[18]把这位知识最渊博、思想最活跃的哲人去世的消息写信告诉弗朗西斯·培根[19]的侄儿安东尼·培根[20]的;米歇尔·德·蒙田临终前还收到过安东尼·培根的来信,可是米歇尔·德·蒙田已不再可能回复这封信了,因为他得去回答死神的问话。一五九二年九月十三日,米歇尔·德·蒙田接受临终涂膏礼[21]。随着米歇尔·德·蒙田的逝世,埃康家族和帕萨贡家族[22]渐渐远去了。米歇尔·德·蒙田并没有像自己的父亲那样永眠在蒙田田庄祖先们的旁边;他安息在波尔多的斐扬派修道院[23]。他是蒙田家族中第一个和最后一个——也是唯一的一个——带着"蒙田"的姓氏超越时代的人。

注 释

〔1〕 1581年8月1日,波尔多的市政官吏们选举米歇尔·德·蒙田为市长,当时米歇尔·德·蒙田正在意大利的海滨浴场。1581年9月7日,米歇尔·德·蒙田在他的《旅行日记》中用意大利语写道:"同一天上午,有人取道罗马送来德·托森先生8月2日从波尔多写来的信。他通知我说,头一天我被全票选举为波尔多市市长。他敦请我为了对祖国的爱而接受这个职务。"

〔2〕 参阅斯特洛夫斯基编《蒙田及其公私生活》第199页。——斯蒂芬·茨威格注

〔3〕 国王亨利三世为敦促米歇尔·德·蒙田尽早履职的亲笔信全文如下:

> 德·蒙田爱卿,
>
> 你忠心可嘉并竭诚为我效力,深得我的器重,为此,你当选为我的波尔多市市长的消息使我格外高兴。我愉快地确认此次选举,因为此次选举不存在不公正,而且是在你远离现场时进行的。为此,我意欲明确敦促并命令你不得延误和推托,务必在回复此信之前尽快回家乡供职,因为家乡对你的任命完全合法。你回家乡任职将使我备感快慰,如果你不这样做,将会让我非常不悦。蒙田爱卿,我向天主祈祷,愿天主将你置于他神圣的保护之下。
>
> 亨利

〔4〕 此处陈述的内容参阅《蒙田随笔集》第3卷第10篇《话说慎重许愿》。

〔5〕 安茹公爵(Duc d'Anjou)是法国国王亨利三世的兄弟,1585年逝世。

〔6〕 那瓦尔王国(Navarre)是欧洲中世纪和近代初期地处西班牙北部和法国南部的一个独立王国。

〔7〕 亨利·波旁[Henri Bourbon,即那瓦尔的亨利(Henri de Navarre),1553—1610],1572—1589年任那瓦尔王国的国王。他在登上该王位的同年8月和法兰西王国瓦罗亚(Valois)王朝的国王查理九世的妹

妹玛格丽特结婚，从而成为瓦罗亚王室的近亲，这次联姻旨在缓和由亨利·波旁领导的胡格诺派和法国王权支持的天主教徒之间的矛盾与冲突。1585年，法国国王亨利三世的兄弟安茹公爵去世，亨利·波旁成为亨利三世的王位继承人。1589年8月，亨利三世遇刺身亡，亨利·波旁继承法兰西王国的王位，称亨利四世，从此开始了在法国的波旁王朝的统治。1594年3月，亨利四世进入巴黎，正式加冕，至此胡格诺战争遂告结束。参阅本书第一章注〔48〕。

〔8〕 那瓦尔的亨利曾于1584年12月18日至19日及1587年两次客居蒙田城堡，米歇尔·德·蒙田对这两次值得纪念的访问有文字记载，如在《蒙田随笔集》第3卷第10篇《话说慎重许愿》的记述中这样写道："那瓦尔国王前来他从未造访过的蒙田城堡看望我，在这里住了两天，由我的仆役伺候，身边没有一个他的官员。他在此既不受罪也不必装假，就睡在我的床上。"

〔9〕 1585年，米歇尔·德·蒙田住在他自己的蒙田城堡时，波尔多发生了鼠疫，米歇尔·德·蒙田因此没有回波尔多主持选举他的继任者的活动。

〔10〕 卡匹斯拉姆斯的原文是Capistramus，主教。

〔11〕 儒于斯（Joyeuce），国王亨利三世的将领。

〔12〕 库特拉（Coutras），法国一地名。

〔13〕 吉斯领导的天主教同盟和法国王权虽然在反对胡格诺派的立场上一致，但由于亨利三世宣布近亲那瓦尔的亨利为法国的王位继承人，吉斯领导的天主教神圣同盟终于和王权决裂。巴黎天主教徒拒绝服从国王，全城在"十六人委员会"领导下实际上形成了独立政权。米歇尔·德·蒙田抵达巴黎的那一天恰好是1588年5月12日，那天巴黎民众在天主教神圣同盟领导下举行武装暴动，反对亨利三世和那瓦尔的亨利之间的和平谈判。亨利三世被迫逃离巴黎。米歇尔·德·蒙田和那瓦尔的亨利过从甚密，尽人皆知，因此在米歇尔·德·蒙田到达巴黎的当天即被天主教神圣同盟的武装人员逮捕并投入监狱。后来因为天主教神圣同盟的一位重要人员被代表王权的凯瑟琳·德·美第奇太后抓获；作为人质交换，一天之后米歇尔·德·蒙田被释放出狱。

〔14〕 沙特尔（Chartres），法国一城市名，当地的主教堂举世闻名。

〔15〕 米歇尔·德·蒙田出狱后就离开巴黎，他先到皮卡迪的古尔奈小姐——一位十分敬佩他的名门闺秀——那里小住数周，这是他无数坎坷中的一次愉快的间歇。接着，米歇尔·德·蒙田陪同亨利三世四处奔走，并列席了1588年10月在吉斯公爵要求下由亨利三世主持的布卢瓦三级会议，会上满足了天主教神圣同盟的一切要求。

〔16〕 1589年4月，亨利三世和那瓦尔的亨利都率军向巴黎推进。8月，亨利三世被天主教同盟派遣的刺客刺死。那瓦尔的亨利继承法国王位，称亨利四世（1589—1610年在位）。

〔17〕 这段话在斯蒂芬·茨威格原来的打字稿中没有，是斯蒂芬·茨威格著《欧洲的遗产》一书的编者里夏德·弗里登塔尔所做的补充，可能是根据斯蒂芬·茨威格手写的笔记。——德语原版书编者注

〔18〕 皮埃尔·布拉希的法语原文是 Pierre de Brach，米歇尔·德·蒙田的朋友。

〔19〕 弗朗西斯·培根（Francis Bacon，1561—1626），英国哲学家、英语语言大师，主要著作有《论科学的价值和发展》《新工具》《随笔集》等，他的警句"知识就是力量"遐迩闻名。米歇尔·德·蒙田1592年逝世时，弗朗西斯·培根31岁。

〔20〕 安东尼·培根的英语原文是 Antony Bacon。

〔21〕 天主教为死者举行的仪式。米歇尔·德·蒙田晚年，各种疾病困扰着他。1592年9月13日，他扁桃体严重发炎，失去了说话能力，在居室听弥撒时去世。

〔22〕 法国学者马德兰·拉扎尔在其著作《蒙田传》(Madeleine Lazard：MIchel de Montaigne, p.42) 中写道，米歇尔·德·蒙田的母系卢普家族（法语 Louppes）自16世纪起和出身于西班牙卡拉塔尤（Calatayud）的西班牙犹太人帕萨贡（西班牙语 Paçagon）家族联姻，帕萨贡家族因善于经商而十分富有，其名望和埃康家族不相上下。帕萨贡家族的一名成员马耶尔·帕萨贡（西班牙语姓名 Mayer Paçagon）是米歇尔·德·蒙田的舅舅，此人改奉基督教后，取名胡安·洛佩兹·德·维拉努瓦（西班牙语 Juan Lopez de Villanueva），故

米歇尔·德·蒙田有犹太人血统,但米歇尔·德·蒙田本人从未提及此事。参阅〔法〕马德兰·拉扎尔著、马振骋译《蒙田传》,上海人民出版社 2015 年 9 月第 1 版第 23—26 页。

〔23〕 1593 年,蒙田的棺木被送往波尔多的斐扬派修道院(le Couvent des Feuillants de Bordeaux)。

米歇尔·德·蒙田年谱

舒昌善 编写

1402 米歇尔·德·蒙田(Michel de Montaigne)的曾祖父拉蒙·埃康(Ramon Eyquem, 1402—1478)在法国梅多克地区(Médoc)的布朗克福(Blanquefort)镇出生。

米歇尔·德·蒙田的祖辈在拉卢塞耶(La Rousselle)镇的海港区经营了几十年的海运货栈,靠向英国出口熏鱼、葡萄酒等杂货发迹,遂成为富商。

1477 10月10日,曾祖父拉蒙·埃康花900法郎从采邑领主波尔多(Bordeaux)大主教手中买下蒙田城堡(château de Montaigne)。该城堡坐落在法国西南部佩里戈尔(Périgord)地区的高地上,蒙田(Montaigne)在古代法语中的词义是"山",在波尔多以东30英里的一个名叫利波尔内的小村庄,距卡斯蒂翁镇四公里,属于法国行政区加斯科涅郡(Gascogne)。

1485 米歇尔·德·蒙田的祖父格里蒙·埃康(Grimon Eyquem)自1485年起任波尔多市的市政官,1503年任该市负责司法的行政官。格里蒙·埃康出生日期不详,卒于1518年或1519年,享年69岁。1490年娶出身富商的让娜·迪富尔(Jeanne du Four)为妻。

1495 9月20日,米歇尔·德·蒙田的父亲皮埃尔·埃康(Pierre Eyquem, 1495—1568)出生。

1528 1月15日,父亲皮埃尔·埃康和米歇尔·德·蒙田的母亲安托瓦妮特·德·卢普(Antoinette de Louppes)结为夫妻。

1533 2月28日,米歇尔·德·蒙田在蒙田城堡诞生。他是父母的第三个孩子,前面两个姐姐均在出生后不久夭折。父亲皮埃尔·埃康是天主教徒,母亲安托瓦妮特·德·卢普是胡格诺教徒(福音派新教徒在法国被称为胡格诺教徒)。父亲虽是一个继承了丰厚家财的商人,但他送儿子米歇尔·德·蒙田到邻村奶养。

1535 三岁的米歇尔·德·蒙田被接回蒙田城堡。不久,思想开明、爱好新事物的父亲为他从意大利请来一位精通拉丁文而又丝毫不懂法语的德国人教他拉丁文。

1536 父亲皮埃尔·埃康被任命为波尔多市副市长。波尔多是法国西南部阿基坦地区的一座港口城市,在蒙田城堡以西30英里处。

1539 (或1540年)六岁的米歇尔·德·蒙田进入波尔多的居耶内学堂(collège de Guyenne)学习。居耶内学堂由葡萄牙人文主义者安德烈亚·戈维亚(Andrea Gouvêa)领导,在该学堂执教的有马蒂兰·科尔迪耶(Mathurin Cordier)、比沙南(Buchanan)和埃利·维内(Elie Vinet)。居耶内(Guyenne)是波尔多周围的地区名。
欧洲中世纪的学堂(collège)不分小学和中学。米歇尔·德·蒙田入学时应是小学生的年龄,离开学堂时应是初中生的年龄。居耶内学堂是当时法国最好的学堂之一。

1546 米歇尔·德·蒙田离开居耶内学堂,尔后很可能在某艺术学院听哲学课。

1548 波尔多市发生暴动,遭到德·蒙莫朗西(de Montmorency)公爵的残酷镇压。波尔多市失去一切特权,包括自选市长的权利,亨利二世(Henri Ⅱ,1519—1559,1547—1559年任法兰西国王)决定把原来终身任职的波尔多市市长一职改为两年一任。

1549 米歇尔·德·蒙田到图卢兹(Toulouse)或巴黎的大学修读法律,一度在法兰西学院听课。

1554 8月1日,父亲皮埃尔·埃康任波尔多市市长,任职至1556年,其间,时局艰难,据米歇尔·德·蒙田说,父亲为履行职务付出了心血和钱财。又据让·达那尔(Jean Darnal)的《年表》(*Chronigue*)称,"市长大人为了城市的事务还要北上巴黎,为了让自己到了巴黎能打点好那些友善的贵族老爷,皮埃尔·埃康带了二十桶葡萄酒。"其时,米歇尔·德·蒙田随父亲和这些葡萄酒第一次去巴黎,并说21岁的他还见到了国王亨利二世。
是年,亨利二世在佩里格(Périgueux)建立间接税高级法院。21岁的米歇尔·德·蒙田被任命为该高级法院初级法庭的陪审法官。三年后该法院被撤销,米歇尔·德·蒙田被分派到波尔多高级法院任推事。是年,依然任波尔多市市长的父亲皮埃尔·德·蒙田成为受人重视的社会人物,得到大主教的批准,在蒙田城堡建造塔楼,把原来的城堡修建一新,显得宏伟壮观。

1557 佩里格间接税高级法院并入波尔多高级法院。米歇尔·德·蒙田任波尔多高级法院推事。该法院是构成法国最高法院即法国最高司法机构的八个地区法院之一。

1558 米歇尔·德·蒙田结识他的挚友、杰出的人文主义者艾蒂安·德·拉博埃西（Étienne de La Boétie, 1530—1563）。

1559 波尔多郊区发生毁坏天主教堂内的圣像事件，波尔多高级法院下令火刑处死一名胡格诺教徒——富商皮埃尔·富热尔。当时波尔多城里有 7000 名胡格诺教徒，阴谋暴动，胡格诺教徒被处以极刑的事常有发生，直至 1562 年 1 月 17 日颁布"宽容法令"，局势才开始好转。

是年，米歇尔·德·蒙田到巴黎上朝，陪同弗朗索瓦二世国王（François II, 1544—1560, 1559—1560 年任法兰西国王）巡视巴黎和巴勒杜克（Bar-le-Duc）

1561 米歇尔·德·蒙田被波尔多高级法院派往巴黎处理居耶内地区的宗教冲突，历时一年半。调停未获成功使他深感失望。

1562 1 月 17 日颁布"宽容法令"，允许胡格诺教徒有集会的权利。波尔多高级法院勉强接受。巴黎高级法院于 6 月 6 日要求其成员宣誓效忠天主教。其时，米歇尔·德·蒙田始终在巴黎，于是在 6 月 10 日履行了这一仪式。

10 月，米歇尔·德·蒙田随国王军队前往鲁昂，不久从胡格诺教徒手中攻下鲁昂。他在塞纳河畔的鲁昂城内会见由探险家德维莱加格农带回法国的三个巴西的印第安人。这次会见和谈话对米歇尔·德·蒙田形成文化相对论具有重要意义。

1563 2 月，米歇尔·德·蒙田回到波尔多。

8月，挚友艾蒂安·德·拉博埃西染上鼠疫，米歇尔·德·蒙田守在他的病榻前直至艾蒂安·德·拉博埃西于8月18日英年早逝。艾蒂安·德·拉博埃西遗赠给米歇尔·德·蒙田不少藏书和他自己的著作，还留下色诺芬的《经济论》、普卢塔克的《婚姻规则》等译稿，以及他自己创作的29首十四行诗。

1564　米歇尔·德·蒙田几乎全年阅读和评注尼古尔·吉勒（Nicole Gilles）的《法国编年史与年表》（Annaleset et chroniques de France）。

1565　7月，米歇尔·德·蒙田和波尔多一名议员的女儿弗朗索瓦丝·德·拉夏塞涅（Françoise de La Chassaigne, 1544—1627）结婚。妻子比他小11岁，给他带来7000图尔币的嫁妆，后来给他生了六个女儿，但只有一个女儿存活下来。

1568　父亲皮埃尔·德·蒙田去世。在父亲的五个儿子和三个女儿之间分割遗产时，米歇尔·德·蒙田继承了父亲的领主爵位和蒙田庄园，但在继承问题上和母亲发生矛盾。兄弟姐妹八人，其中三人后来皈依新教。同一家庭成员分属两个教派，并不多见，说明蒙田家族对宗教信仰的宽容态度。

1569　米歇尔·德·蒙田在巴黎出版他的第一部译作《自然神学》（拉丁文 Theologice naturalis）。此书由15世纪西班牙医生、哲学家、神学家雷蒙·塞邦（法语：Raymond Sebon）于1487年用拉丁文撰写。米歇尔·德·蒙田是遵从父命将此书译成法语。雷蒙·塞邦，拉丁文拼写 Raimundo Sabunde，生于西班牙的巴塞罗那（Barcelona），生年不详，约公元1436年卒于法国的图卢兹（Toulouse），参阅法国《拉鲁斯大百科全书》的 Sabunde 词条（*Grand Dictionnaire Encyclopédique Larousse* 第 9 卷第 9204 页）。

11 月 14 日，波尔多高级法院否决了将米歇尔·德·蒙田从预审法庭（Chambre des Enquêtes）——为初审诉讼时进行书面审理的法庭——晋升为大法庭推事的提案。这一否决使米歇尔·德·蒙田更有理由辞官隐退。

1570　米歇尔·德·蒙田鬻去波尔多高级法院推事的官职。

米歇尔·德·蒙田的第一个孩子出生，是个女儿，两个月后夭折。

1571　38 岁的米歇尔·德·蒙田退休，隐居蒙田城堡。

他贴在书房里的一篇于 1571 年 2 月 28 日写的拉丁文铭文，说明他当时的心态，铭文写道："基督纪元一五七一年二月二十八日前夕，生日纪念，时年三十八岁，米歇尔·德·蒙田早已厌倦高级法院的工作和其他公务，趁有精力之时，投入智慧女神的怀抱，在平安与宁静中度过有生之年，愿意在祖先留下的隐居之地过自由、安谧、悠闲的生活，但愿命运让他过得称心如意！"

米歇尔·德·蒙田接受法兰西国王特使德·特朗（de Trans）侯爵授予的圣米迦勒骑士团骑士爵位。

9 月 9 日，米歇尔·德·蒙田被查理九世任命为王宫内侍。

10 月 28 日，米歇尔·德·蒙田的女儿莱奥诺（Léonor）出生，这是他六个女儿中唯一长大成人的子女。

是年，米歇尔·德·蒙田专程到巴黎，为艾蒂安·德·拉博埃西出版了遗著《色诺芬家政术、普卢塔克婚姻指南、普卢塔克致妻子慰问书》（*La ménagerie de Xénophon, les Règles du mariage de Plutarque, Lettre de cosolation de Plutarque à sa femme*）。

1572 米歇尔·德·蒙田为拉博埃西在巴黎出版了《艾蒂安·德·拉博埃西遗作法语诗》(*Vers français de feu Éstienne de la Boétie*)。

是年,法国胡格诺内战处于激战阶段,法国国王查理九世的三支军队向胡格诺教徒进军,米歇尔·德·蒙田曾一度和居耶内地区的天主教绅士们加入过国王查理九世的其中一支军队。但最终没有开战,因为胡格诺派的将领拉努(La Noue)拒绝开战。

是年,发生圣巴托罗缪大屠杀。正当宗教内战处于激战阶段,米歇尔·德·蒙田开始撰写《随笔集》。

是年,阿米奥(Amyot)翻译的普卢塔克的法语版《道德论集》(原文是希腊语)出版。此书成为米歇尔·德·蒙田的案头常用书。《蒙田随笔集》第1卷大部分完成于1572—1573年。米歇尔·德·蒙田大量阅读杜·贝莱(du Bellay)兄弟的《回忆录》、吉沙尔丹(Guichardin)的《意大利史》(*l'Histoire d'Italie*),塞内卡的著作也是他的床头书。

1573 米歇尔·德·蒙田的第三个女儿安娜出生,只活了七个星期。

1574 米歇尔·德·蒙田作为圣米迦勒骑士团的骑士参加国王查理九世的葬礼。

米歇尔·德·蒙田的第四个女儿出生,活了三个月。

5月11日,米歇尔·德·蒙田在波尔多高级法院王室成员面前转呈德·蒙邦西埃公爵致朝廷的奏折,然后作了长篇发言。

是年,艾蒂安·德·拉博埃西的《自愿奴役》被辑入加尔文教派的一本小册子《法国人的闹钟》出版。文章没有署名,内容也经修改。

1576 米歇尔·德·蒙田让人做了一块铭牌,在该铭牌上,一边是蒙田家族的纹章，纹章周围环绕圣米迦勒的圆环，一边是一具横放的天平，上面刻有 1576 年和他自己的年龄 42 岁，还刻有皮浪的格言："我弃权。"

是年，米歇尔·德·蒙田完成随笔《雷蒙·塞邦赞》部分内容。

1577 米歇尔·德·蒙田的第五个女儿出生，活了一个月。

11 月 30 日，那瓦尔国王亨利·波旁继任法兰西国王，封米歇尔·德·蒙田为王宫内侍。

1578 米歇尔·德·蒙田在 1577—1578 年间患肾结石症，他的父亲和祖先也曾患过这个病。肾结石、痛风及风湿病使他终生受苦。

2 月 25 日，米歇尔·德·蒙田开始详细阅读恺撒的《内战记》和《高卢战记》，他在五个月内做了许多注解。尔后，他又阅读让·博丹（Jean Bodin）的《共和国》，并时常翻阅塞内卡的《致卢西里乌斯的信》和普卢塔克的《希腊罗马名人比较列传》与《道德论集》。《蒙田随笔集》第 2 卷的大部分内容完成于 1578—1580 年间。

1580 3 月 1 日，《蒙田随笔集》第 1 卷和第 2 卷在波尔多由西蒙·米朗日出版商出版。

6 月 22 日，米歇尔·德·蒙田离开蒙田城堡外出旅行。米歇尔·德·蒙田一行先到巴黎，并将自己的《随笔集》赠送给法兰西国王亨利三世，深得后者好评。

8 月，米歇尔·德·蒙田参加拉费尔围城战。

9 月，米歇尔·德·蒙田携幼弟和三位青年朋友，从瓦兹河畔的博蒙（Beaumont-sur-Oise）启程，进行历时 17 个月多的意大利之旅。在栋雷米（Domrémy），拜会圣女贞德家族的后裔。他们途经瑞士、德意志、奥地利和阿尔卑斯地区。这次旅行的目的之一是米歇尔·德·蒙田到沿途的各著名温泉浴场治疗肾结石。他们一路游山玩水，参观教堂宫殿，了解各地行政司法，对风土人情、建筑古迹、宗教礼仪、民政设施、温泉疗养、大盗伏法、犹太人割礼、驱魔作法，甚至对罗马和威尼斯青楼生活都表现出极大兴趣。

9月5日，米歇尔·德·蒙田委托秘书开始写《意大利之旅》（《旅行日记》）。

11月15日，米歇尔·德·蒙田抵达罗马。将《蒙田随笔集》交给教廷圣职部，得到认可。

12月29日在罗马晋谒格列高利十三世教皇（Gregory XIII，1502—1585，1572—1585年任第224任教皇）。

1581 2月16日，米歇尔·德·蒙田辞退替他写《旅行日记》的秘书，开始自己执笔。

4月5日，蒙田接受《罗马公民资格证书》（证书上签署的日期是3月13日），这是他自己积极争取到的。他在《意大利之旅》中说，他得到教皇的膳食总管菲利波·穆索蒂的帮助，是教皇的权威帮助他实现了自己的愿望。

8月1日，米歇尔·德·蒙田被选为波尔多市市长（当时他在意大利旅行），任期至1583年。

10月15日，米歇尔·德·蒙田离开罗马回国。

1582 德·杜在自己的《历史》一书中说德·杜"受惠于米歇尔·德·蒙田之处甚多，米歇尔·德·蒙田那时是波尔多市市长，待人坦诚，反对任何约束，从不加入阴谋集团，对自己的事务非常熟悉，尤其对他的故乡居耶内郡的事务有深刻的了解"。

《蒙田随笔集》第1卷和第2卷修改增补后合成一卷再版，主要是添加了意大利诗人的章节和对客居罗马时的回忆。这一版本至今在波尔多仍可看到。

1583 7月，米歇尔·德·蒙田第一次任波尔多市市长的任期结束，再次被选为市长，任期至1585年。在第二次任期内，法国的宗教内战和瘟疫（鼠疫）蔓延到佩里戈尔地区。

是年，米歇尔·德·蒙田的第六个女儿玛丽出生，只活了几天。

1584 8月1日，米歇尔·德·蒙田开始他第二次市长任期。

12月18日至19日，那瓦尔国王亨利·波旁（那瓦尔的亨利）亲自到蒙田城堡做客，委托米歇尔·德·蒙田在他和亨利三世之间进行政治斡旋。

1585 科丽桑特（Corisande）成了那瓦尔国王的情妇，米歇尔·德·蒙田撰文《美丽的科丽桑特》，劝她"不要让热情损及王上的利益与财富，既然她愿意为他做一切，就要更多地看到那瓦尔国王的长处，而不是他的怪脾气"。他还努力促进那瓦尔国王和马提翁元帅（Maréchal de Matignon, 1525—1597, 1579年晋升为元帅）的相互了解。马提翁元帅是居耶内总督，对法兰西王国的亨利三世甚为忠诚；那瓦尔的亨利是居耶内名义上的总督，米歇尔·德·蒙田认为马提翁元帅和亨利三世过于接近。

6月12日，经米歇尔·德·蒙田的斡旋，那瓦尔的亨利和马提翁元帅见面。有关马提翁元帅的生平事迹，参阅［法］马德兰·拉扎尔（Madeleine lazard）著、马振骋译《蒙田传》，上海：上海人民出版社出版2015年9月第1版第221—222页。

6月，波尔多周围地区发生鼠疫，米歇尔·德·蒙田率领全家离开蒙田城堡以逃避鼠疫，因而未能在波尔多出席自己的卸任和新市长接任仪式。

7月30日，米歇尔·德·蒙田在鼠疫尚未殃及的弗依亚（Feuillas）完成他最后的市长职责。

12月，米歇尔·德·蒙田经过六个月的颠沛流离后回到蒙田城堡。

1586　米歇尔·德·蒙田开始撰写《蒙田随笔集》第3卷至1587年。他为此阅读了大量历史书籍。

1587　10月26日，那瓦尔国王亨利·波旁第二次到蒙田城堡，委托米歇尔·德·蒙田再次在他和亨利三世之间进行政治斡旋。

是年，《蒙田随笔集》第3卷连同第1卷和第2卷在巴黎出版（被称为《蒙田随笔集》第三版）。

1588　2月16日，米歇尔·德·蒙田去巴黎出版第四版《蒙田随笔集》，当行至奥尔良附近维尔布瓦森林时，被蒙面的天主教神圣同盟的武装分子抢劫。随后他们又把衣服、钱和书籍（其中肯定有《蒙田随笔集》的原稿）还给米歇尔·德·蒙田。

5月12日，米歇尔·德·蒙田为促使亨利·波旁和亨利三世之间的和解抵达巴黎。当天，巴黎发生暴乱，设置街垒。米歇尔·德·蒙田被反对和平谈判的天主教神圣同盟的武装人员逮捕并被囚禁在巴士底狱，一天之后作为人质交换被释放。

尔后，亨利三世被天主教神圣同盟的领袖亨利·德·吉斯逼迫离开巴黎，忠于亨利三世的贵族随同撤离，其中有米歇尔·德·蒙田，他们一直伴随亨利三世直至沙特尔和鲁昂。

6月，《蒙田随笔集》第四版（包括第1卷、第2卷、第3卷）在巴黎出版。这是米歇尔·德·蒙田生前的最后一版。第四版《蒙田随笔集》也有称第五版的，有六百多处增注。

米歇尔·德·蒙田离开巴黎后,先到巴黎附近的皮卡迪会见他的一位崇拜者——出身名门的玛丽·德·古尔奈小姐,此后,古尔奈小姐成为蒙田的"义女",长期往来。

7月10日,米歇尔·德·蒙田回到鲁昂,住在圣日耳曼郊区,风湿病发了三天,7月10日下午3—4点之间,米歇尔·德·蒙田被巴黎来的军官逮捕,押往巴士底狱,这是由于艾勃夫(Elbeuf)公爵的指使,他要拿米歇尔·德·蒙田当人质,因为艾勃夫公爵的一名亲戚被亨利三世关押在鲁昂。当天晚上,凯瑟琳·德·美第奇太后下令释放米歇尔·德·蒙田。

10月,米歇尔·德·蒙田列席了由亨利三世主持的布卢瓦(Blois)三级会议,此次会议是应亨利·吉斯公爵的要求举行的,会上满足了天主教神圣同盟的一切要求。在亨利·吉斯公爵遭暗杀后,米歇尔·德·蒙田离开布卢瓦。

1589 8月1日,亨利三世被修士雅克·克莱芒(Jacques Clément)刺杀身亡。8月2日,亨利·波旁继承法兰西王国的王位,称亨利四世,在位1589—1610),从此开始了波旁王朝在法国的统治。

自1589年至1592年,米歇尔·德·蒙田阅读大量历史著作:希罗多德(Herodotus,约公元前484—约公元前425年)、狄奥多罗斯(Diodorus Siculus,约公元前90—约公元前21年)、李维(Livy,公元前59—公元17年)、塔西佗(Tacitus,约公元55—约公元120年)等人的著作和圣奥古斯丁(Saint Augustine,公元354—430年)的《天主之城》,还有他始终极感兴趣的美洲和东方历史。

自1589年至1592年,米歇尔·德·蒙田准备新版的《蒙田随笔集》,增添了一千多条内容,其中四分之一涉及他自己的生活、情趣、习惯和想法。米歇尔·德·蒙田自撰写随笔20年来,这套设想中的新版《蒙田随笔集》愈来愈带有个人生活色彩，趋向内心自白。米歇尔·德·蒙田在撰写新版《蒙田随笔集》的同时敞开自己的胸怀；他写书，书也塑造了他，可惜这套书在他生前并未面世。

1590　5月27日，米歇尔·德·蒙田的女儿莱奥诺和弗朗索瓦·德·拉图尔（François de Latour）结婚。
6月18日，米歇尔·德·蒙田致信亨利四世，在表示庆贺的同时婉拒了亨利四世的赏赐，并委婉表示他不能为朝廷效劳。
7月20日，亨利四世从圣德尼（Saint-Denis）军营给米歇尔·德·蒙田写信，希望米歇尔·德·蒙田在亨利四世身边担任职务。

1591　米歇尔·德·蒙田的外孙女弗朗索瓦丝·德·拉图尔（Françoise de Latour）出生。

1592　9月13日，米歇尔·德·蒙田因扁桃体严重发炎，在蒙田城堡家中的起居室听弥撒时去世。

1593　米歇尔·德·蒙田的遗体安葬在波尔多的斐扬派修道院。
米歇尔·德·蒙田的心脏留在蒙田城堡所在地利波尔内村的圣米迦勒教堂。

1595　米歇尔·德·蒙田的夫人和皮埃尔·德·勃拉赫（Pierre de Brach，蒙田的友人）交出米歇尔·德·蒙田作了增注的《蒙田随笔集》样书，这套样书经德·古尔奈小姐整理后，交给朗格里埃出版社印成精美的版本。此后两百多年，这套书成为《蒙田随笔集》再版的底本,据称,在 17 世纪平均每隔两年印行一版。世称"古尔奈版"。

1598 法国国王亨利四世于 1593 年不顾胡格诺派反对而改奉天主教,1594 年亨利四世进入巴黎,正式加冕。亨利四世为最终结束胡格诺派和天主教徒之间的内战,于 1598 年 4 月 13 日在法国西部卢瓦尔河下游的南特(Nantes)颁布"南特敕令"(Edikt von Nantes),责成新教地区恢复天主教会,归还其财产;胡格诺教徒中遵守本敕令者免受异端审判,准其宗教活动,可自由进入各级学校接受教育,并可在政府机构任职,其教士和牧师同样免除兵役。"南特敕令"虽然承认天主教仍为法国国教,但胡格诺派得到了宗教信仰自由以及政治、经济上的平等权利。胡格诺战争最终结束。

1601 米歇尔·德·蒙田的母亲去世。

1613 约翰·弗洛里奥(John Florio,1553?—1625)将《蒙田随笔集》译成英语。

1619 艾蒂安·帕基耶(Étienne Pasquier)的《书信集》中,有一封写给贝尔杰的长信,提到亨利四世时代的人对《蒙田随笔集》的第一次深入的评论。

1627 米歇尔·德·蒙田的遗孀弗朗索瓦丝·德·拉夏塞涅去世。

1633 马可·基那米(Marco Ginammi)在威尼斯把《蒙田随笔集》译成意大利语。

1640	西班牙把《蒙田随笔集》列为禁书。
1655	据称,布莱兹·帕斯卡尔和德·萨奇在此时期的《对话集》中提到米歇尔·德·蒙田,但这篇文章的真实性尚有待探讨,因为只是在 18 世纪回忆拉封丹(Jean de La Fontaine, 1621—1695)的书中才有这样的记载。
1666	波尔 - 罗亚尔学派猛烈攻击米歇尔·德·蒙田,体现在尼古拉的《波尔 - 罗亚尔逻辑》(*Logique de Port-Royal*)一书中。这是反米歇尔·德·蒙田思潮的信号,这个思潮此后持续了半个世纪。
1669	《蒙田随笔集》分三卷在巴黎和里昂的两家出版社出版后,直至 1724 年再也没有重印。
1674	尼古拉·德·梅莱布朗什(Nicolas de Malebranche, 1638—1715)在《寻求真理》(*De la recherche de la vérité*, Ⅱ, Ⅲ, Ⅴ)一书中对米歇尔·德·蒙田进行强烈批评。
1676	6 月 12 日,《蒙田随笔集》由波舒哀(Bossuet)提议,被罗马教廷列为禁书。
1724	米歇尔·德·蒙田的著作自 1669 年至 1724 年销声匿迹。但在 1595 年至 1650 年,《蒙田随笔集》平均每两年出一版,而在这 56 年间(1669—1724)没有出过一版。虽然拉勃吕依埃尔赞赏米歇尔·德·蒙田,反击让·路易·盖·德·巴尔扎克(Jean Louis Guez de Balzac, 1597?—1654)和尼古拉·德·梅莱布朗什,不过,这样的评论在伏尔泰时代才开花结果。

是年，科斯特出版社出版的三卷本《蒙田随笔集》，注解详细，在信奉新教的读者中深受欢迎，是 18 世纪通用的版本。从 1724 年至 1801 年，重印了 13 次。

1753　《蒙田随笔集》由约翰·丹尼尔·蒂蒂乌斯（Johann Daniel Titius）译成德语，1753 年至 1754 年在莱比锡出版。

1770　米歇尔·德·蒙田为 1580 年至 1581 年的意大利之旅所写的日记手稿在沉寂了两百年后被普鲁尼（Abbé Prunis）神父在蒙田城堡发现。

1774　《旅行日记》手稿在巴黎由默尼埃·德·凯隆（Meunier de Querlon）出版商作序和注解后出版，题书名为《旅行手记》（*Journal de voyge*），但一般仍习称《旅行日记》。米歇尔·德·蒙田在旅途中坚持记日记，把所到之处及其特点都写下来，但所写日记并非为了出版。《旅行日记》和《蒙田随笔集》的区别是：前者是事实的文字记载，后者是从这些事实引发的道德劝谕。

1797　由博德（J. J. Chr. Bode）译成德语的《蒙田随笔集》在柏林出版。

1803　人们在波尔多市立图书馆发现米歇尔·德·蒙田生前在 1589 年至 1592 年仔细修订过的《蒙田随笔集》修改本原件，世称"波尔多版"，此书在 19 世纪被视为最忠实于米歇尔·德·蒙田原意的版本。

1812　年轻的维尔曼（Villemains）发表《蒙田赞》，得到法兰西学院嘉奖，《蒙田赞》代表了 19 世纪一代文人对米歇尔·德·蒙田的看法。

1832 12月,图书收藏家帕里佐以不到1法郎的价格在书摊上购得米歇尔·德·蒙田作了六百条注解的《恺撒传》一书(普朗丁版);1856年,此书出售时,特契纳以1550法郎代杜马尔公爵购得,公爵藏入自己的图书馆,与拉伯雷的《亚里斯多芬》和拉辛注解的《埃斯库罗斯》并列一排。

1837 文学评论家圣伯夫(Sainte-Beuve)在洛桑文学院讲课,评论波尔-罗亚尔学派,讲课内容刊载在1840年和1842年出版的前两卷《波尔-罗亚尔史》(*Port-Royal*)中,其中谈到米歇尔·德·蒙田和布莱兹·帕斯卡尔,这对米歇尔·德·蒙田的历史评价是一个重要时机。

1854 5月27日,《蒙田随笔集》被从罗马教廷的禁书目录中撤销。

1885 大火把蒙田城堡主建筑全部烧毁,塔楼幸免于难。

1906 再度印行1588年版的《蒙田随笔集》,这套书是从20世纪至今一切《蒙田随笔集》的底本。

《蒙田随笔集》在中国

舒昌善　编写

1933　在中国介绍和翻译《蒙田随笔集》的第一人是梁宗岱。他的最早一篇译文《论哲学即是学死》(今通译名为《研究哲学就是学会面对死亡》,是《蒙田随笔集》第1卷第20篇随笔)。连同他撰写的一篇文章《蒙田四百周年生辰纪念》刊登在1933年7月上海《文学》创刊号上。

1935　1935年至1936年间,郑振铎主编的《世界文库》第7册至第12册,辑入梁宗岱译的蒙田随笔21篇的中译文,冠以总标题《蒙田散文选》。

1938　夏,香港《星岛日报》创刊,接受该报文学版《星座》主编戴望舒之邀,梁宗岱自1938年8月至1939年2月陆续在该报发表了11篇蒙田随笔的译文。

1943　重庆《文艺先锋》和《文化先锋》月刊刊登了梁宗岱译的两篇蒙田随笔的中译文。

1984　《蒙田随笔集》在中国沉寂了约四十年之后,湖南人民出版社于

1984 年推出《蒙田随笔》一书，全书分两部分：第一部分计有随笔 22 篇，第二部分计有随笔 31 篇，共约十五万字。封面署名是［法］蒙田著，梁宗岱、黄建华译。此书在 1987 年、2005 年重印过两次。

1985 12 月，设立在北京的工人出版社出版了［英］彼得·伯克著、孙乃修译的《蒙田》(外国著名思想家译丛) 一书，全书约十万字，1986 年 2 月重印一次，共发行 2.2 万册。此书不是传记，而是论著，因而对认识和研究蒙田具有一定意义。

1987 3 月，浙江人民出版社出版了《人生随笔》("生活启示录"第 2 辑) 一书。封面署名是［法］蒙田著、陈晓燕选译。全书约七万字。译者陈晓燕为此书写了一篇前言——《蒙田和他的〈随笔集〉》，文中写道："不列颠百科全书股份有限公司 1980 年编纂一套'西方世界伟大著作丛书'，将《蒙田随笔集》收入第 25 卷。我的这本小册子正是从此书译出的。……在选译过程中，我们把译文按我们自己定的小标题重新作了编排；《人生随笔》标题也是编者为突出主题而定的。"

1996 12 月，南京译林出版社推出根据法国加利马尔 (Gallimard) 出版社 1965 年的法语版本译出的《蒙田随笔全集》(上、中、下共三卷) 一套。译者是潘丽珍、王论跃、丁步洲、马振骋、徐和谨、陆秉慧、刘方。全书约一百零三万字。发行一万套。在 2019 年版的斯蒂芬·茨威格著、舒昌善译的《蒙田》一书中称《蒙田随笔全集》(译林版)。潘丽珍等人翻译的这一套书于 2002 年 1 月以［法］蒙田著 / 潘丽珍等译《蒙田随笔集》(插图修订本) 的书名由陕西师范大学出版社出版。

2004 8月,哈尔滨出版社出版《蒙田论生活》("世界经典哲理文丛")一书,译者龙婧,全书约二十二万字。该书译者在《译后记》中写道:"由于译者功力殊浅,所以在翻译的过程中以意译为主,直译为辅,并根据中国读者的阅读习惯对部分内容进行了增删。"

2005 10月,中国电影出版社出版《蒙田随笔集》(西方三大经典哲理散文赏析)一书,约十五万字。封面署名是[法]蒙田原著、刘烨编译。

2006 10月,上海人民出版社出版《蒙田随笔》(插图本)一书,约十五万字,发行五千册,封面署名是[法国]米歇尔·德·蒙田著、[西班牙]萨尔瓦多·达利编选并插图、朱子仪译。

12月,中央编译出版社出版《蒙田试笔》一书,约二十八万字,封面署名是[法]蒙田著、梁宗岱译、卢岚校注。校注者在此书的《编者后记》中写道:"Essais是蒙田自创的文体,梁宗岱先生最早译为'散文',1938年8月在香港《星岛日报》的译者前言中改用'试笔'(参阅此书《译者梁宗岱题记二》),此后即一直使用。这个译名不仅为识者所欣赏,也代表了译者译笔神形俱到的风格,故本书恢复梁氏原拟书名《蒙田试笔》。"此书收录35篇蒙田随笔的中译文,但编排顺序是根据梁宗岱发表译文的先后,而不是根据《蒙田随笔集》原著的顺序。

2008 1月,(北京)中国国际广播出版社出版[法]蒙田著、杨帆译《要生活得写意——蒙田随笔集》(倾听内心的智慧之书)、(简单生活大师译丛)。

6月,(北京)人民文学出版社出版［法］蒙田著,梁宗岱、黄建华译《蒙田散文》(外国散文插图珍藏版)。

12月,(北京)生活·读书·新知三联书店出版斯蒂芬·茨威格(Stefan Zweig)著、舒昌善译《蒙田》。

2009　3月,上海书店出版社出版［法］米歇尔·德·蒙田著、马振骋译《蒙田随笔全集》(第1卷、第2卷、第3卷)。

5月,网路与书股份有限公司台湾分公司出版、(台湾)大块文化出版股份有限公司发行褚威格(Stefan Zweig)著、舒昌善译《感谢蒙田》(繁体字)初版。此书是2008年12月(北京)生活·读书·新知三联书店出版的舒昌善译《蒙田》在台湾出版的繁体字本。

2010　1月,中央编译出版社出版［法］蒙田(Michel de Montaigne)著、梁宗岱译、卢岚整理《热爱生命:蒙田试笔》(*Michel de Montaigne Essais*)。

2012　1月,(北京)中国画报出版社出版［法］蒙田(Montaigne)著、郑力译《蒙田:蒙田随笔》(将引领一生的西方智慧大作)。

2013　9月,(武汉)长江文艺出版社出版［法］蒙田著、龙凤莲译《蒙田散文精选》。

2015　9月,上海人民出版社出版［法］马德兰·拉扎尔(Madeleine Lazard)著、马振骋译《蒙田传》(走近大思想家)。

2016　5月,(北京)中华书局出版［法］蒙田著、马振骋译《蒙田随笔》(国民阅读经典)。

2017　6月,上海书店出版社出版［法］米歇尔·德·蒙田著、马振骋译《蒙田全集》(全四册)。

2018　2月,(北京)人民文学出版社出版［法］米歇尔·德·蒙田著、马振骋译《蒙田意大利游记》。

译者后记

斯蒂芬·茨威格在他生命的最后几周还在努力为自己的人物传记作品奠定最后一座里程碑。一九四一年八月,斯蒂芬·茨威格移居巴西。时代的一片混乱使他越来越沮丧。为了尽可能重新获得内心的安宁,为了拯救自己的个人思想自由,他一定得找到一条途径。一次偶然的机会帮助了他,至少在当时是这样。他在巴西彼得罗波利斯镇租用的那幢住宅的地下室里找到了米歇尔·德·蒙田的上下两册《随笔集》。他在给友人贝特霍尔德·菲特尔[1]的信中这样写道:"您是知道有这样一种现象的——如果我们先前阅读一位作家的作品,既不觉得特别的好,也不觉得有什么不好,但是当我们的处境和这位作家完全相同时,我们就会发现他真是一位达观宁静和隐退到自我之中的高手与导师。"斯蒂芬·茨威格也曾在给弗里德里克——他的第一任夫人[2]的信中表示:"我现在正作为一种享受读着蒙田的作品,他是又一个(更好的)伊拉斯谟,是一位抚慰人的心灵的杰出人物,写一部关于蒙田的人物传记,对我的诱惑非常大。"当时,斯蒂芬·茨威格正忙于创作尚未完稿的《象棋的故事》、长篇小说《克拉丽莎》以及在英国已经开始的《巴尔扎克传》,但与此同时他撰写了人物传记《蒙田》的书稿,而斯蒂芬·茨威格的《蒙田》则成了他最后的遗言。斯蒂芬·茨威格说,米歇尔·德·蒙田是"一位'自由自在的人',是在一个像我们现在所处的时代里竭力争取内心自由的一位先驱人物。他和我们一样陷于相同的失落之中,因为他要力图通过自己执着的自由意识使自己始终保持公正和明智(而不惜漠视和鄙弃早先的一切表面成就)"。斯蒂芬·茨威格在《蒙田》的书稿中称蒙田是代表了斯蒂芬·茨威格自己所有精神的楷模,而且也代表了这些精神在光明和黑暗时代里的命运,因而他把《蒙田》书稿最初定名为《感谢蒙田》,并非偶然。[3]

米歇尔·德·蒙田生平

米歇尔·德·蒙田在他的《随笔集》中说:"我出生在一五三三年二月二十八日,介于上午十一时和中午之间。"后来,他又在自己的家族记事本中写道:"我诞生于波尔多和佩里戈尔地区交界处的蒙田城堡。"不过,在米歇尔·德·蒙田诞生之际,这一片地区成为法国领土才四分之三世纪。此前,这里的居民长期处于英国统治之下。从十二世纪中叶到十五世纪中叶,直至百年战争[4]末期,英国人被逐出法国以前,波尔多是英国人占领的居耶内郡[5]的首府。一四五一年,居耶内被法国人夺回。然而,蒙田家属的先辈和英国人早有联姻关系,这种"源远流长的亲戚关系"一直有迹可循。

米歇尔·德·蒙田的一生正处于欧洲风起云涌的宗教改革[6]时代。自十六世纪中叶起,新教加尔文宗(在法国称胡格诺派)在法国南部和西南部广为传播。参加新教的有法国中产阶级和城市手工业者以及企图以没收天主教会财产自肥的部分封建贵族,从而发生法国的宗教内战[7],米歇尔·德·蒙田就是生活在这样一个战乱频仍的时代。

然而,连绵不断的法国宗教内战并未阻碍整个时代的前进步伐。由于欧洲人大胆的远洋航行,欧洲人的地理大发现[8]拓展了欧洲人已知的世界。在法国,随着人口的增长、封建制的衰落、农业经济的繁荣以及货币流通等,加快了城市化的进程。欧洲在一四五○年前后发明了活字印刷术[9],书籍不再是价格昂贵的木刻本,不久就成为唤起民众智慧、促进文化的强大工具,被人文主义者[10]赞扬为"第十位缪斯"[11]。席卷欧洲的文艺复兴[12]使法国人的自由主义思想和怀疑论思想相当普遍。以《巨人传》著称的法国文艺复兴后期的杰出代表弗朗索瓦·拉伯雷[13]于一五五三年去世时,蒙田二十岁。

综上所述,米歇尔·德·蒙田所处时代的消极因素和积极因素都对他有深刻的影响:一生经历的法国宗教内战为他对人的本性和人类的命运进行哲理思考提供了活生生的事实;文艺复兴时期的巨大科学技术成就和在诗歌、绘画、雕塑、建筑、音乐、戏剧等各方面的辉煌业绩以及他一生始终处于文艺复兴的核心思想——人文主义的浓厚氛围之中,都为他开拓了广阔的视野。

一、进行政治斡旋的蒙田

蒙田不是政治家,但也不是一个不问政治的人。蒙田家族跻身于政治始自米歇尔·德·蒙田的父亲皮埃尔·埃康，一五三六年皮埃尔·埃康被任命为波尔多市副市长，一五五四年八月一日皮埃尔·埃康又任波尔多市市长至一五五六年。一五五四年，二十一岁的米歇尔·德·蒙田被任命为佩里格间接税高级法院推事，一五五七年，米歇尔·德·蒙田被任命为波尔多高级法院推事。一五七〇年，三十七岁的米歇尔·德·蒙田鬻去波尔多高级法院推事的官职。一五八一年八月一日，正当米歇尔·德·蒙田在意大利旅行期间，他被选为波尔多市市长，任期至一五八三年。尔后又于一五八三年七月再次被选为波尔多市市长，任期至一五八五年。虽然米歇尔·德·蒙田担任法院推事多年和两度出任波尔多市市长，但他的政治生涯的主要功绩是在那瓦尔的亨利和亨利三世之间进行政治斡旋，因为米歇尔·德·蒙田深得这两位国王的信任，这显然和米歇尔·德·蒙田真诚的品格与博学有关。

那瓦尔的亨利曾于一五八四年十二月十八日至十九日及一五八七年两次客居蒙田城堡，米歇尔·德·蒙田对这两次值得纪念的访问有文字记载，如在《蒙田随笔集》第三卷第十篇《话说慎重许愿》的记述中这样写道："那瓦尔国王前来他从未造访过的蒙田城堡看望我，在这里住了两天，由我的仆役侍候，身边没有一个他的官员。他在此既不受罪也不必装假，就睡在我的床上。"

二、开创随笔文体在欧洲的新纪元

米歇尔·德·蒙田的政治生涯的主要功绩是进行政治斡

旋，而使米歇尔·德·蒙田流芳百世的则是他的《随笔集》，两者可谓相得益彰。

一五七一年，三十八岁的米歇尔·德·蒙田退休，隐居蒙田城堡。一五七二年，正当法国宗教内战处于激战阶段，米歇尔·德·蒙田开始撰写随笔集。《蒙田随笔集》第一卷大部分完成于一五七二年至一五七三年。一五八〇年三月一日，《蒙田随笔集》第一卷和第二卷在波尔多由西蒙·米朗日出版商出版。一五八六年，米歇尔·德·蒙田开始撰写《蒙田随笔集》第三卷至一五八七年。一五八七年，《蒙田随笔集》第一卷、第二卷和第三卷在巴黎出版，世称《蒙田随笔集》第三版。一五八八年六月，《蒙田随笔集》第四版（包括第一卷、第二卷、第三卷）在巴黎出版。这是米歇尔·德·蒙田生前的最后一版。第四版《蒙田随笔集》也有称第五版的，有六百多处增注。自一五八九年至一五九二年，米歇尔·德·蒙田准备新版的《蒙田随笔集》，增添了一千多条内容，其中四分之一涉及他自己的生活、情趣、习惯和想法。米歇尔·德·蒙田自撰写随笔二十年来，这套设想中的新版《蒙田随笔集》愈来愈带有个人生活色彩，趋向内心自白。米歇尔·德·蒙田在撰写新版《蒙田随笔集》的同时敞开自己的胸怀；他写书，书也塑造了他，可惜这套书由于米歇尔·德·蒙田在一五九二年九月十三日病逝而未能面世。一五九五年米歇尔·德·蒙田的夫人弗朗索瓦丝·德·拉夏塞涅（Françoise de La Chassaign，1544—1627）和米歇尔·德·蒙田的友人皮埃尔·德·勃拉赫（Pierre de Brach）交出米歇尔·德·蒙田做了增注的《蒙田随笔集》样书，这套样书经米歇尔·德·蒙田的"义女"玛丽·德·古尔奈（Marie de Gournay，1565—1645）整理后，交给朗格里埃出版社印成精美的版本，世称"古尔奈版"。此后两百多年，这套书成为《蒙田随笔集》再版的底本，据称，在十七世纪平均每隔两年印行一版。一六七六年六月十二日，《蒙田随笔集》被罗马教廷列为禁书。但是，科斯特出版社出版的《蒙田随笔集》在信奉新教的读者中深受欢迎，从一七二四年至一八〇一年重印了十三次，是十八世纪通用的版本。一八五四年五月二十七日，《蒙田随笔集》被从罗马教廷的禁书目录中撤销。一九〇六年，再度印行一五八八年版的《蒙田随笔集》，这套书是从二十世纪至今一切《蒙田随笔集》的底本。

《蒙田随笔集》产生的背景

《蒙田随笔集》共三卷，总计一百零七篇随笔。第一卷五十七篇，第二卷三十七篇，第三卷十三篇。各篇随笔长短不一，结构松散，文笔自然。

《蒙田随笔集》的产生，有其客观和主观两方面的文化背景。

一、客观方面的文化背景

蒙田生于一五三三年，卒于一五九二年，也就是说，他生活在十六世纪后半叶的法国。而当时的法国正处于文艺复兴后期。是《蒙田随笔集》（*Les Essais de Michel de Montaigne*）开创了"随笔"这一文学体裁在欧洲的新纪元。

闻名遐迩的英国弗朗西斯·培根[14]的《随笔集》和法国布莱兹·帕斯卡尔[15]的《思想录》均在《蒙田随笔集》之后。然而,蒙田之所以饮誉世界并盛名不衰,是因为《蒙田随笔集》具有普世价值。《蒙田随笔集》既不是传记也不是历史著作,而是探讨人性的普遍问题,因此在各个不同的时代都具有现实意义,诚如英国历史学家彼得·伯克在他的《蒙田》一书中所说:"在某种意义上说,蒙田和莎士比亚一样,是我们的同时代人。十六世纪的作家,很少有人像蒙田那样容易被现代人所接受,也很少有人像他那样直接和我们对话。不喜爱蒙田,那不是一件容易的事,不把他看作我们同辈中的一员,同样也是不容易的。他是启蒙运动以前的一位对知识权威的批评家,是精神分析学说出现以前的一位人类情欲的冷峻观察家,也是社会人类学兴起以前的一位对其他民族文化进行冷静研究的学者。因此我们很容易把他看作在他那个时代出现的一位现代人。"[16]

二、家庭环境

在十六世纪的法国,富有的市民阶层可以通过购买破落贵族的爵位以及与其相关的城堡和领地而跻身于贵族之列。这些贵族被称为"穿袍贵族"。蒙田的祖辈曾在法国西南部的一个海港小镇拉卢塞耶经营了几十年的海运货栈,靠向英国出口熏鱼、葡萄酒以及其他杂货而致富。尔后,蒙田的曾祖父拉蒙·埃康从领主波尔多大主教手中购置了蒙田城堡及其周围良田。这是蒙田家族发迹的第一步。蒙田的父亲皮埃尔·埃康由于跟随法国国王弗朗索瓦一世[17]征战意大利而正式得到"蒙田领主"[18]这一贵族头衔。蒙田家族从此不再经商,而身为"贵族"专事经营庄园。蒙田的父亲皮埃尔·埃康从出征意大利回来后,不仅成为一名真正的贵族老爷,而且成为一位意大利文化的热情崇拜者。这类法国的"穿袍贵族"和世袭贵族的不同之处是:"穿袍贵族"被称为"高贵的人"[19]。他们不以自己的财富、自己的贵族地位或战功为荣;他们引以为荣的是自己超群的智慧、深厚的文化造诣和高尚的人格修养。正因为此,蒙田的父亲皮埃尔·埃康刻意要把自己的儿子米歇尔·德·蒙田培养成为一个知识渊博、道德高尚的人;而在文艺复兴时期的所谓知识,首先是谙熟古代希腊罗马贤哲们的经典,这就是为什么蒙田最初学会的是拉丁文,而不是法语;而且在蒙田的几乎每一篇随笔中都旁征博引古希腊古罗马贤哲们的拉丁文语录。

可见,是一个崇尚文化的家庭孕育了蒙田。

三、蒙田的天赋素质和精神追求

蒙田之所以载入史册,除了历史时代和家庭环境这样的背景以外,蒙田本人的天赋素质和精神追求同样起到重要作用。

首先,蒙田勤于思考、善于思考的天赋素质是《蒙田随笔集》产生的精神源泉。

蒙田常常抱怨自己的记性差,这或许是事实,也可能是自谦,但不管怎么说,蒙田的洞察力非同一般。他能以锐利的目光透过现象看到事物的本质并引发深刻的思考。孟德斯鸠[20]曾这样盛赞蒙田的《随笔集》："在大多数作品中，我看到了写书的人；但在这本书中，我看到了思考的人。"尽管蒙田自己说，他是用一种"懒散"和"随意"的态度读书，但实际上他是一个孜孜不倦、持之以恒、博览群书的思想家。在蒙田书房屋顶的木梁上布满希腊语和拉丁文的格言[21]，以及蒙田去世前在自己的《随笔集》第四版上所做的密密麻麻的补充都说明了这一点。

其次，是当机立断的蒙田把自己的《随笔集》留给了后世。蒙田在他三十八岁时就弃官回归故里，隐居在自己的城堡塔楼里笔耕十年，这才有他的《随笔集》问世。假如他不是在三十八岁时隐退，而是继续在官场沉浮，那么今天人们也许就读不到他的《随笔集》了。究竟是什么使蒙田如此毅然决然地弃官隐居呢？——是蒙田的精神追求所致。第一，在蒙田的精神世界中，他把古希腊哲人苏格拉底[22]视为自己的人格楷模。有人统计过，在蒙田的三卷《随笔集》中，苏格拉底这个名字总共出现过一百一十多次。蒙田盛赞苏格拉底是"所有优秀品质皆十全十美的典范"，而苏格拉底最大的个性特点则是"坚持自我""不为外部世界所左右""宁死不屈"。崇尚人文主义的蒙田憧憬人间美好的未来，而他所处的时代却是战乱频仍。米歇尔·德·蒙田把自己所处的时代看作是一个狂热褊狭、失去理性、充满暴力和腐败伪善的时代。尤其是在他担任法院推事（Parlamentsrat）期间[23]，他亲眼看到"多少判决比罪犯的罪行还罪恶"！这种处境使他的良知面对严峻的考验，尽早离开腐败的官场，以求得心灵的安宁；为躲避战祸，远离政治的旋涡，既可以保护自己的人身安全，又可以逃避"一切责任"。弃官隐居早已成为他的夙愿。因此有人说,《蒙田随笔集》的成功是蒙田人格的成功。第二,在十六世纪的法国乃至欧洲,四十岁的人就自认为已经老了,这并非是一种病态心理,而是他们已经体验到了被心理学家称为"认可的自弃"心理。他们已发觉来年之有限,感到生命末日之危机,并且常常都有他们自己的理由。三十八岁的蒙田于一五七一年隐退时这样描述自己的形象——"不惑之年已过,已入垂暮之秋",这样的心态完全像现代六七十岁老人的心态,而在古希腊古罗马时代,大凡文人学士晚年时都愿意离开喧嚣的城市,隐居乡间,著书立说,安享余年。蒙田无疑是效仿古希腊古罗马的遗风——这也是他的一种精神追求。

《蒙田随笔集》的思想内涵

《蒙田随笔集》涉及广泛的内容,而且修改工作从未间断;蒙田的思想也在不断发展,因此《蒙田随笔集》并非以某种思想一贯到底。三卷《蒙田随笔集》各有不同的重点。学术界一般认为,《蒙田随笔集》第一卷的基调是探讨伦理道德哲学,对人性的种种形态进行冷峻的审视和研究,对生与死以及人类的野蛮与文明进行思考。主导第一卷的思想是斯多葛派哲学[24]。在《蒙田随笔集》第二卷中,处处流露出蒙田的怀疑论思想。广为流传的蒙田名言"我知道什么呢?"[25]就是源自《蒙田随笔集》第二卷第十二篇随笔《雷蒙·塞邦赞》。此篇随笔占了第二卷三分之一篇幅,但真正论述雷蒙·塞邦的部分却不足全文的十分之一,而是信笔而走,对禁欲主义和教条主义进行抨击,全文的重点是蒙田阐发自己的怀疑论思想。《蒙田随笔集》第三卷则是探讨如何更好地生活,反映了蒙田晚年时的伊壁鸠鲁思想[26]。

英国历史学家彼得·伯克曾从八个方面对《蒙田随笔集》的思想内涵进行梳理和分析。这八个方面是:蒙田的人文主义;蒙田的怀疑论;蒙田的宗教态度;蒙田的政治态度;作为心理学家的蒙田;作为人种学家的蒙田;作为历史学家的蒙田;蒙田的美学观念[27]。

然而,正如彼得·伯克所指出的:"蒙田不是一位有系统理论的思想家。其实,他是故意以毫无系统的方式来提出自己的看法。所以,谁想要系统地阐述他的思想,谁就要冒很大的风险。"[28]

可见,要把《蒙田随笔集》的思想内涵作全面系统的概括,很难得出公允之论。尽管如此,对《蒙田随笔集》中所反映的思想,至少在下列几个方面认识比较一致。

一、蒙田的怀疑论思想

蒙田在《雷蒙·塞邦赞》中纵览古今,发现理性因人因地而异;道德只适用于一时一地,没有一定标准;科学则充满无知、错误和矛盾;最后归结为怀疑一切,得出一句名言:"我知道什么呢?"蒙田把这句话视为自己的座右铭,并按照当时的习俗,将这句话铸在自制的一枚纹章上。不仅如此,写在蒙田书房屋顶木梁上的六十五句希腊语和拉丁文格言中有九句是怀疑论哲学家塞克斯都·恩披里柯[29]的格言，如"不知为不知""未得其解""容后再断"，等等，由此可见，蒙田的精神世界深受怀疑论哲学的影响。怀疑论哲学最早可追溯到公元前二七五年的古希腊怀疑论哲学家皮浪[30]。四五百年以后，希腊化时期的古罗马怀疑论哲学家塞克斯都·恩披里柯在其代表作《皮浪学说纲要》一书中对怀疑论哲学作了系统的概述。不过，塞克斯都·恩披里柯的著作在欧洲中世纪已经佚失，而且人们在整个欧洲中世纪对这种关于认识论的哲学探讨很少关注。只是到了十四世纪，欧洲的知识界才又开始对认识论的哲学探讨产生浓厚的兴趣。十四世纪的英国神学家奥卡姆的威廉[31]提出，靠人类的理性不能证明"天主无所不在、无所不知"，但他并不怀疑我们所掌握的关于这个世界的知识。他只是把信仰和理性这两个范畴分开。奥卡姆的威廉的思想在十六世纪广为人知；很多大学都传授他的思想。人们正是通过奥卡姆的威廉的论述重新看待和发掘欧洲古代的怀疑论哲学。如，塞克斯都·恩披里柯的《皮浪学说纲要》的两种拉丁文版本于十六世纪六十年代在巴黎出版。一五七六年，西班牙哲学家弗朗西斯科·桑切斯[32]——蒙田在居耶内学堂求学时的一位同学——发表了一篇题为《一无所知》的文章。可见，蒙田在自己的随笔集中处处流露出怀疑论思想，正是十六世纪中叶法国知识界对探讨认识论方面的问题产生浓厚兴趣的反映，也是蒙田那一代人具有怀疑论情绪的反映。虽然蒙田阅读塞克斯都·恩披里柯、西塞罗、伊拉斯谟、阿格里帕·冯·内特斯海姆[33]等人的著作，但蒙田的怀疑论思想自成一体。

第一，蒙田在自己的随笔集中自始至终都在强调人类见解的五花八门以及由此而来的认识的不可靠性。这是蒙田怀疑论思想的基调。蒙田说:"天下找不出那么两个人对同一事物持完全一致的看法。"

第二,蒙田把自己的时代看作一个装腔作势、腐败堕落、充满暴力和虚妄伪善的时代,因此《蒙田随笔集》的出发点是对时代的否定。蒙田的种种充满怀疑论思想的论述首先来自这种最初的否定,也就是说,蒙田的怀疑论思想主要是对当时的迷信、偏见、巫术、杀戮、迫害的否定,他要"揭去事物和人的假面具",并认为,人们应该不断考察事实,重新审查一切。

第三,蒙田的怀疑论思想并不排除有真理存在的信念。蒙田的怀疑论是一种防御。他的怀疑论加上他对真理的期待,驱使他否定通常被接受的观念,对一般化和抽象化的观念均坚决表示不相信。

第四,蒙田认为,既然绝对真理无法认识,那么只能探索部分的、寻常的真理,而其比较可靠的途径,则是首先探索自己的身躯和精神的基本现象,因为世上最熟悉自己的莫过于本人。这个自我尽管有其一切不完善之处,但自我却是人们开始探求真理的唯一可能的场所。所以,蒙田写随笔集不是著书立说,而是对自己进行剖析,一点一滴地加深对自己的认识。蒙田坚持说"我本人就是我的作品的内容",其理由就在于此。

二、两个蒙田——生活中的蒙田和思索中的蒙田

塞克斯都·恩披里柯的怀疑论所反对的是:坚信自己的习俗和态度一贯正确;而与自己不同的习俗和态度则是错误

的——这显然是一种武断。不过,塞克斯都·恩披里柯却主张怀疑论者的生活要"符合自己国家的习俗、法律、制度"[34],所以蒙田的怀疑论思想并不妨害他在生活中从来都是循规蹈矩。以他对宗教的态度为例。蒙田在生活中是一个遵守教规的天主教徒,他曾于一五八〇年在罗马谒见教皇。但从他在自己的《随笔集》中的言论来看,很难让人相信蒙田是一个真正的天主教徒。目睹了残酷的宗教战争的蒙田曾说:"没有比天主教徒更深怀敌意的了。"他还说:"宗教的创立,目的是消灭罪恶,但现在却掩饰、滋养和激发了罪恶。"蒙田固然没有对天主教的教义进行正面的挑战,但他认为,人来到世间是偶然的。他敬重的是维系大千世界秩序的力量。蒙田说,"那些星球不但支配着我们的生命、命运,还支配着我们的倾向、言辞和意愿",所以"我觉得我更喜欢那些崇拜太阳的人"。神学家们认为蒙田是个无神论者,是以大千世界代替天主。《蒙田随笔集》虽然备受欢迎,却于一六七六年被罗马教廷列为禁书,不过,这是发生在蒙田去世八十四年以后的事。而在一五八〇年当他把自己的《蒙田随笔集》在罗马送交教廷圣职部审查时,则获得通过。也许是那位审查官没有意识到蒙田思想的全部复杂性。审查官之所以采取这样一种温和的态度,其主要原因之一是,在一五八〇年的当时,天主教会面临的最大威胁是来自新教,而不是蒙田的怀疑论。再者,在与异端思想的斗争中,怀疑论是天主教的同盟军。彼得·伯克一针见血地指出"蒙田的坦率表白不过是一个假面具,他当众是一副面孔,私下则是另一副面孔","当众是这样一个人,私下则是另一个人","蒙田的文学手段——含沙射影而不直说,非传统观点处处藏锋，而看起来却一脸虔诚"。彼得·伯克指出："蒙田说自己对教会言听计从，并非出于真心，而是出于谨慎的考虑。"[35]那么，能否说蒙田的这种"文学手段"违背了他自己一再声明的"诚实"的原则呢？似乎不能。对此，彼得·伯克有进一步的说明："在十六世纪的欧洲，有人对某一宗教表面上服从，而内心里却认为另一宗教比这更好。"[36]——这在当时不是少数现象。

如果说，了解蒙田的怀疑论是解读《蒙田随笔集》的一把钥匙；那么，了解蒙田的这种"文学手段"则是认识《蒙田随笔集》思想内涵的另一把钥匙。

不仅不能把蒙田的宗教立场作简单化的划分，同样也不能按照现代的观念把蒙田的政治立场简单地归入哪一类。蒙田既不是现代意义上的自由主义者，也不是现代意义上的保守主义者。"自由主义者"这个词通常用来指现代人的一些态度，诸如赞成民主、保护少数人的权利、捍卫言论自由等。但这种态度和蒙田毫无关系。蒙田曾在一篇随笔中为巫师辩护，但并非基于自由主义者的立场，而是基于怀疑论者的立场，因为他认为对巫师的指控纯属臆测。蒙田不赞成当时法国的加尔文教徒崇仰自由。他也反对新教关于基督徒有权拒不服从统治者不合理的命令这一理论。蒙田说："人的义务究竟何在，这个问题不应由个人来决定，人应当听命。"蒙田和苏格拉底以及塞克斯都·恩披里柯一样，主张要对自己国家的习俗在生活中顺从。从这一点看，蒙田似乎又是一个保守主义者。可是，在十六世纪的法国还没有"保守主义者"这一概念。把"保守主义者"和"自由主义者"相对立，或者将他们称为"右派"和"左派"，这些都是在法国大革命时代出现的概念。

我们只能说,蒙田不喜欢变革,不管这种变革是否比以前更合理。他对当时社会上许多弊端了如指掌。当时的腐败和病态是在他的随笔集中经常出现的主题。尽管如此,他还是认为变革是可怕的事情。蒙田说:"就政治而言,只要这种政治是稳固的、符合传统的,它就会比改革好……批评一种政治体制是很容易的……但是建立一个更好的政体来取代被摧毁的政治体制,就会出问题。"可见,蒙田既谴责革命,也抨击镇压,而理由却是同一个:"那一定是由于过分的自重和自大,才使一个人把自己的观点看得如此重要,乃至为了实现自己的观念而不惜破坏和平,带来诸如内战、政治革命这样许多不可避免的恶果,使风气大大败坏。"[37]蒙田在法国胡格诺内战期间采取的是中间立场。他反对一切形式的暴力,主张通过渐进的过程达到社会的进步。他不想推翻当时的社会制度和政治秩序,但是也不希望民众对这种制度存在什么幻想。蒙田想维持传统的政治秩序,而他依据的却是非传统的理由。蒙田说:"人们相信法律,不是因为它是公正的,而是因为它是法律。这就是法律权威之奥妙的根基,别无其他。"[38]蒙田看得很清楚,这些法律是主观武断的、违背人性的,但又不容置疑,只能遵从。蒙田的这种思想使现代的读者不免想到霍布斯(Hobbes,1588—1679)。

三、蒙田的文化相对论思想

在十六世纪的欧洲,人们对异国的风土人情产生愈来愈浓厚的兴趣,促使这种趋势的原因有两个:一是文艺复兴时期人们崇尚学习古典文化的传统,而古希腊人一向对其他民族的文化有极大的兴趣;二是"美洲新大陆的发现"激励欧洲人对异域的习俗产生兴趣。在这样的时代背景下,各种记载印第安人习俗的游记相继出现。如,本佐尼的《新世界史》[39]、泰韦的《法国南边的奇闻》[40]、莱里的《巴西旅行记》[41],以上这些游记作者的记述和看法,反映在《蒙田随笔集》中则是蒙田的文化相对论。蒙田在《雷蒙·塞邦赞》一文中对文化相对论做了详尽的探讨。他指出,人类对美的看法没有一把放之四海而皆准的标尺。"印第安人认为厚嘴唇、扁鼻子、黑皮肤是美的……在秘鲁,人们认为耳朵越大就越漂亮","在有些社会有男妓……在有些国家女人去打仗……女人站着小便,而男人却蹲着"。欧洲人认为不可理喻的习俗在当地却是很正常的风俗。蒙田的结论是,"我们原以为道德来源于天性,其实来源于习俗"。蒙田深信习俗随着地域和文化的不同而有所差异。

基于这样的信念,蒙田没有种族优越感。蒙田提倡宽容。当年的西班牙殖民者有时指摘印第安人的吃人现象,以此作为奴役他们的理由。蒙田在自己的随笔《话说食人部落》一篇中为食人者辩护,就含有批判西班牙殖民者那种奴役政策的用意。蒙田写道:"他们(印第安人部落)当着众人的面,两人用剑柄将俘虏打死,再将他烤熟,与众人一起吃俘虏的肉……他们这样做,并非如有些人所想,似乎他们跟从前的斯基泰人一样,将人肉拿来食用,他们这样做,是代表一种极端的复仇方式……我觉得,我们指出这种行为中的柏柏尔人式的恐怖并没有什么不好。我所不以为然的是,我们在评判他们错误的同时,对我们自己的错误却熟视无睹。我认为,吃活人要比吃死人更野蛮;将一个知疼知痛的人体折磨拷打得支离破碎,一点一点地加以烧烤,或者将人体让狗或公猪撕咬而死,要比将人体死后烤吃更加野蛮。"[42]蒙田这里所说的"吃活人"是指在法国的宗教迫害和宗教内战中残酷杀害无辜。

四、蒙田的人文主义思想

人文主义兴盛于欧洲十五、十六世纪。虽然人文主义的概念被广泛接受,但各有各的理解。著名的人文主义者们的思想也并不完全一致。彼得·伯克认为,"蒙田不是一位'典型'的人文主义者,假如真有这样一种典型的话"。[43]但蒙田的思想显然和人文主义者有相通之处。

第一,像苏格拉底、西塞罗[44]和其他的人文主义者们一样,蒙田认为,人类头等重要的事情并不是对大千世界的认识,而是对人自身的认识,人类研究的重点原本就应该是对人的研究,对人的状况的研究,而不是对物质世界的研究。蒙田写道,儿童首先应当学会的是"认识自己,知道生得其乐、死得其所"。正是出于这种认识,《蒙田随笔集》是一部"描述自我""认识自我""坦陈自我"的书。

第二,在蒙田看来,一个人认识自我,这是第一步,第二步是要认识人类,即要认识人性。在蒙田书房木梁上的格言中有一句是泰伦斯的格言:"吾生为人,人性俱备。"[45]通过认识自我来认识人性,这是人文主义者的箴言。虽然蒙田强烈感觉到每一个人都与众不同,但蒙田相信人性有相通之处,因此人能够向别人的经验学习。蒙田在其随笔《话说经验》篇中写道:"人人提醒自己认识自己,就会产生重大作用。"他还说:"我们的意见互相嫁接。"[46]也正因为此,他才"为了方便我的亲人和朋友"[47]而撰写"认识自我"的《蒙田随笔集》,希望给后人以启迪。

第三,尽管人文主义者派别林立,但他们都崇尚古典文化,赞美古人的智慧。蒙田也是如此。从他阅读的书籍和引语的来源可知,他最喜爱的作家全都是古人——普卢塔克[48]、塞内卡[49]、西塞罗、卢克莱修[50]、贺拉斯[51]、拉尔修的第欧根尼[52]、维吉尔[53]、恺撒[54]、希罗多德[55]、塔西佗[56]、奥维德[57](排列顺序是愈在前面愈重要)。他援引这九位古罗马作家和两位古希腊作家语句的次数远远超过对其他非古典作家作品的援引。[58]

第四,蒙田觉得自己所处的时代平庸无奇。恰如人文主义者那样,蒙田把古人当作评论现世的参照。蒙田心目中的英雄豪杰也全都是古人。他谈论"最出色的人物",不外乎荷马、马其顿国王亚历山大大帝、希腊底比斯将军伊巴密浓达[59]。而苏格拉底则是蒙田心目中的英雄,他把苏格拉底称为"我所知道的最完美的人"。[60]

五、蒙田的人生观

蒙田三十八岁时辞官隐退,避居乡间,撰写随笔集,大约十年之后的一五八〇年,他的随笔集第一卷和第二卷出版,不久,他便外出旅行,周游列国,历时十七个月零八天,尔后,又从一五八一年起两度出任波尔多市市长,其间又两次为法兰西土地上的两位国王之间的分歧进行政治斡旋。这样一种从"遁世"到"入世"的变化正反映了蒙田对人生看法的演变。

第一，蒙田"离群索居"的人生态度显然与古代斯多葛派哲学思想有关，尤其是深受古罗马哲学家塞内卡在《致卢西留书简》中所表现出来的人生理想的影响。在塞内卡看来，坚贞的人是知道如何克制自己欲望的人，在人生旅途中步履最轻松，因为这样的人在难以逆料的命运打击下能够像橡树那样屹立于风中而纹丝不动。这样的人生哲学对于经历着十六世纪后半叶宗教战争的欧洲知识分子有着巨大的吸引力。撰写随笔集的十年，蒙田是塞内卡人生理想的追随者，从这时候的蒙田身上也可看到斯多葛派的人生哲学的烙印。

但是，另有一些常常被称为"有公民感"的人文主义者认为，积极入世的人生要比逍遥沉思的人生更有价值。在他们看来，担任波尔多市市长的蒙田要比待在书斋里的蒙田更能使自己的才能得到发挥。所以，两度出任波尔多市市长和进行政治斡旋的蒙田显然是被"公民感"所驱使。此时的蒙田已不再是洁身自好、逃避乱世的蒙田了。

《蒙田随笔集》中的最后一篇随笔是《话说经验》。这篇随笔并不是广泛地谈论人们如何积累经验或者交流经验，而是蒙田谈论他对人生的看法。蒙田说："至于我，我热爱生活，天主赋予我什么样的生活我就展现什么样的生活。我并不希望由于生活本身需要吃喝，就只顾吃喝，我认为，人应该希冀有双倍的需求，即使是错误也值得原谅。"[61]有论者指出，这段话已反映出蒙田晚年的伊壁鸠鲁派思想。

《话说经验》这篇随笔的最后一段话——也是蒙田留给世人的最后一段话："依我看，最美好的人生是向合情合理的普通样板看齐的人生,这样的人生有序,但无奇迹,也不荒唐。"[62]似乎可以说,这是蒙田追求人生理想的终极。

第二,尽管蒙田坚持"寻找自我",要像保卫堡垒一样捍卫自己"内心的自由",以抵御外界的影响,抗拒外界专横地强加给他的习俗、偏见和狂热的信仰——诚如斯蒂芬·茨威格在本书中所重点描述的那样,但与此同时,蒙田也相信"走出自我"的价值。在蒙田看来,保持自己"内心的自由"和与外部世界进行必要的来往并不矛盾。他打了个比方:人们有自己的面向街道的前房,他们在那里同别人会见,并互相交流。但人们总需要能退入最隐蔽的后房——"自我"。他们在"自我"中重新肯定"内心自由"和力量,并对奇异的经验进行思考。蒙田认为,人们总是需要遁入"自我",但他也鼓励同别人接触,以便能够学习到许多有益的知识。为此,他提倡旅行、广泛阅读书籍(尤其是历史书籍)以及和朋友们交谈。蒙田在自己公私生活中的作为,也完全遵从这一宗旨。

第三,蒙田对痛苦与死亡的看法。

生活中难免有痛苦。人固有一死。如何看待痛苦与死亡,是欧洲古代哲学家和十六世纪人文主义者们探讨的一个重大命题。

蒙田察觉到,生活中不可避免有痛苦,但是痛苦可以增加人享受人生和对生活感到快乐的感觉。

对于死亡,蒙田说:"谁教会人如何面对死亡,就是教会人如何生活。"从这句话可以看出,蒙田谈论死亡,其实质是告诉人们应该如何对待生命,应该如何生活。蒙田告诫人们的是:首先,要坦然面对死亡。蒙田说:"死亡是人生的最终目的地，是我们不得不走向的目的地。如果我们惧怕死亡，每前进一步都会惶惶不安。一般人的做法就是不去想它。可是，如此粗俗的视而不见又是多么愚蠢！"蒙田进一步指出："死神在哪里等待我们，是很难确定的，我们要随时随地恭候死神的光临。对死亡的深思熟虑也就是对自由的深思熟虑。谁学会了如何面对死亡，谁就不会再有被奴役的心灵，就能无视一切对自己的束缚和强制。"其次，蒙田告诫我们要珍惜生命，热爱生活。蒙田说："生命本无好坏，是好是坏全在你自己。""在你活着时，要好好地生活。""但愿人人都有事可干，尽可能久地发挥生命的作用。"[63]

蒙田对人生旅程的看法有盖棺论定的思想。蒙田说："一个人在尚未演完人生喜剧最后也许是最难的一幕之前，就绝不要说生活幸福，因为幸福取决于安详和知足的心态，取决于果断和自信的心灵。"他还引用贺拉斯的语录："人的幸福要等到最后才能说，在他生前和葬礼前，无人有权说他幸福。"

蒙田对自己走完人生旅程的期待是既豁达又中庸。蒙田说："如有人研究我的一生，大多数人会说我有好的终结，也就是死得安详，不引人注目。"[64]——正是出于这样的信念，蒙田的葬礼十分简约。

《蒙田随笔集》的艺术特色

蒙田从未把自己称作文学家，他不希望人们谈论他的随笔集的艺术风格，而希望人们探讨他的随笔集的思想内涵。尽管如此，仍有论者指出：《蒙田随笔集》具有非凡的艺术魅力。

第一，《蒙田随笔集》是卓绝的"自我写照"。蒙田说，我的"随笔集"是"一本诚实的书"，"因为我是在描述我自己"[65]。《蒙田随笔集》固然不是自传，却勾画了人们曾勾画过的最动人和最亲切的"自我画像"之一。《蒙田随笔集》完全可以和圣奥古斯丁[66]的《忏悔录》与让-雅克·卢梭的《忏悔录》[67]中的自我画像相媲美。

第二，翻开《蒙田随笔集》，迎面而来的古代贤哲们的语录，目不暇接（引自拉丁文古典作品的有1264条，引自各种格言的有800条）。这一艺术特点，可谓前无古人，后无来者。除了语录之外，蒙田还在自己的随笔集中引用大量古代作家和同时代作家的种种逸事和各种民间传说。蒙田的这种旁征博引的笔法并不是像今天的读者们所想象的那样：是为了围绕某一篇随笔的主题思想，作追本溯源的论证。恰恰相反，蒙田的这种笔法仅仅是为了增加随笔的新鲜感，是为了加强他的随笔对现实的分析批判。虽然蒙田谙熟欧洲古代哲学，但是他的每一篇随笔的主题思想并非源自先哲们的学说，而是完全源自他自己的独到的思索。

蒙田的随笔绝大多数都不是条理清晰、论点突出、让读者一目了然的直白；他的随笔犹如天马行空，蕴含的思想内涵往往显得晦涩、模糊、曲折。读者需要在字里行间仔细寻找和深刻领会蒙田的思想智慧。正因为此，《蒙田随笔集》恒读恒新，每一个时代的读者都能从中得到新的感悟。《蒙田随笔集》至今仍被广泛阅读，其奥妙就在于这种言犹未尽的艺术魅力。

  第三,《蒙田随笔集》的另一个显著的艺术特点是文不对题。有些随笔的题目似乎与内容毫不相干。例如,《塞亚岛的风俗》[68]主要是谈自杀问题;《谈维吉尔的诗》[69]谈的是对性的态度;《谈马车》[70]是强烈抨击欧洲人在新大陆殖民地的暴虐行径;《谈虚妄》[71]谈的是蒙田在一五八〇年至一五八一年出国旅行的见闻和感想;《谈跛子》[72]谈的是巫术;《话说经验》[73]谈的是对人生的感悟。蒙田的随笔就是这样常常离题发挥[74],从而使主题思想变得极其含蓄、充满悖论而又歧义斜出。蒙田的这种笔法或许是想给读者带来一种柳暗花明的效果。他相信,那些懒得看正文而只浏览一下标题的人是不会明白他的矛头所向的。因此,读者也就不应该只从标题上去望文生义,而必须细读文本。

  第四,《蒙田随笔集》的语言风格可概括为:简洁、轻松、诙谐、口语化。

  所谓简洁,蒙田反对矫饰,反对用沉闷的术语,反对重叠类比的文句。虽然蒙田赏识西塞罗的思想,但他不赞同西塞罗的文体。蒙田不喜欢像西塞罗那样总是用带有很多从句的复合句,而是更喜欢用"和"字将要点联结在一起,从而给人一种明快的感觉。

  蒙田喜欢所谓"塞内卡式的轻松笔调",喜欢那种相当自如、毫不拘谨的句子结构。

  蒙田曾把自己的文体说成是"诙谐、私语"式的[75]。他所谓的"诙谐"并不是故意要使读者捧腹,而是指用一种"平凡"的或通俗的文体来刻画那些日常生活中普通人的形象，从而给读者一种亲切感，让读者觉得好像在聆听作者娓娓道来。

由于蒙田常常在自己的随笔中旁征博引各种思想而自己不下断言，所以这种"诙谐、私语"式的文体特别适合他的随笔的这一特点。

而这种"平凡"文体的另一个优点则是可巧妙地运用口语。蒙田是运用口语的高手。例如，他说人类还以为自己居于宇宙的中心，但地球只不过是"宇宙这幢楼房的第一层"；帝国的兴盛"就像卷心菜一样"，等等。

《蒙田随笔集》对后世的影响

有学者指出，蒙田对于自己每日每时的变化都有极敏锐的了解，可是对于从一五七二年开始撰写随笔集直至一五九二年逝世的这一段时间内自己在精神方面的发展，他似乎根本就没有觉察出来。在这一点上，蒙田显然不同于像卢梭、歌德这样的世界文豪。当然，蒙田的精神世界有其自身的发展轨迹。研究蒙田的著名学者皮埃尔·维莱在其一九〇八年出版的专著《蒙田的思想发展》[76]一书中，把蒙田的思想发展大致分为三个阶段：

第一阶段——从一五七二年至一五七四年，蒙田处于信仰斯多葛派哲学时期，他在此期间撰写了四十五篇随笔。蒙田早年信仰斯多葛派思想的最好证据是，他在一五六三年为朋友拉博埃西去世而写的那封信。他在信中赞扬这位朋友面临死亡而心灵平静以及那种"无所畏惧的勇气"。《蒙田随笔集》第一卷充满斯多葛派价值观的另一个明显例证是，蒙田认为善与恶主要取决于我们的态度。蒙田早期的随笔，篇幅很短，并显示出他对道德箴言的偏爱。

第二阶段——从一五七五年至一五八〇年，蒙田处于怀疑论思想时期，他在此期间撰写了四十九篇随笔，其中一部分编入《蒙田随笔集》第一卷；三十七篇编入《蒙田随笔集》第二卷，因为《蒙田随笔集》第一卷和第二卷是同时出版。蒙田产生怀疑论"思想危机"是在他四十岁刚出头的时候，时间大致是在一五七五年至一五七六年间，因为在这期间他正在写《雷蒙·塞邦赞》一文。当一个人一旦对自己以前认为是天经地义的事物产生了怀疑，便想在精神上和过去决裂，这在心理上必然会引起震撼，因此有学者使用"思想危机"这样一个词。然而，在《雷蒙·塞邦赞》一文中并无震撼的痕迹，恰恰相反，语气沉稳。

第三阶段——从一五八〇年至一五八八年，蒙田处于思想成熟阶段。他相信人性善良，劝诫人们要珍惜生命，热爱生活。他在此期间写作了《蒙田随笔集》第三卷。蒙田在《蒙田随笔集》第一卷中像斯多葛派学者那样相信哲学教给我们如何死得其所，而在后来的《蒙田随笔集》第三卷中，他认为哲学是教给我们如何享受生活。《蒙田随笔集》第三卷反映了蒙田的伊壁鸠鲁派思想。——这是学术界的共识。

蒙田思想发展的三个阶段和他写作三卷《蒙田随笔集》的年代大致相符。

但是，蒙田不是一个有理论体系的思想家，他的有些见解前后并不一致，后来的蒙田会反对早期蒙田的某些观念，而实际上又没有完全放弃那些早期的观念[77]。正由于蒙田思想的复杂性,所以后世往往会从不同的角度接受蒙田。

在十六世纪后半叶的法国,《蒙田随笔集》就已得到人们的青睐。在一五八○年至一五八八年的八年间,《蒙田随笔集》就印行了四版。但总的说来,当时人们最欣赏的是早期的蒙田。当时的读者主要是想从《蒙田随笔集》中为自己需要解决的问题寻求答案。不少和蒙田同时代的知识分子都想看到在蒙田身上如何重新体现了斯多葛派哲学,但这是一种误解。也有一些读者把《蒙田随笔集》看作是哲学格言的汇编,是智慧的宝库,这同样也是一种误解。因为《蒙田随笔集》是非常个性化的思想和体验的完整表现。《蒙田随笔集》中详细描述了蒙田自己的外在表现和爱好,披露了自己内心最深处的反应和情感。这些或许会使当时一些读者觉得这类描述有点骇人听闻,并且和自己毫不相干,加之蒙田的随笔明显的随意性——貌似东拉西扯,因而被认为这些都是《蒙田随笔集》的缺憾,殊不知,这些恰恰是《蒙田随笔集》真实性的保证,每篇都有中心思想。

在十七世纪前六十余年里,蒙田在法国的读者有增无减。《蒙田随笔集》每隔两三年就印刷一次,一六○八年至少印刷了五次;一六一七年印刷了六次;一六二七年印刷了五次;一六三六年印刷了九次。当时法国的一些著名人物,如贝雷地区的主教让-皮埃尔·加缪(Jean-Pierre Camus,1584—1654)、教士兼哲学家皮埃尔·卡桑狄(Pierre Cassende,1592—1655)、勒瓦耶(Le Vayer,1588—1672)、西拉诺·德·贝热拉克(Cyrano de Bergerac)等人,都十分赞赏蒙田，因为蒙田反对知识权威，这使他们颇感振奋。勒瓦耶和西拉诺·德·贝热拉克两人对蒙田的文化相对论也很入迷。另有一些有教养的法国贵族赞赏蒙田，是因为蒙田描述了有教养的人无论在客厅还是在书斋都同样从容自在。在他们眼里，蒙田是一个受过良好教育、不炫耀卖弄而又彬彬有礼的人，一个文雅、审慎、清醒、智慧而又永远微笑的人。不过，在十七世纪前半叶，也有少数虔诚的宗教信徒攻击蒙田是"无神论者"。

在十七世纪后半叶的法国，出现了反蒙田的倾向。笛卡儿[78]曾参与其中。从某种意义上说，蒙田和笛卡儿在怀疑论这一点上是相通的。但笛卡儿起初怀疑一切，后来就和蒙田截然不同。笛卡儿把宇宙看作是一部巨大的机器，把动物看作像钟表那样机械、呆板，而蒙田认为动物和人一样有灵性。笛卡儿像那些认为世界是一种机械结构的人一样，把蒙田视为落伍者。在当时，批评蒙田的还有布莱兹·帕斯卡尔。布莱兹·帕斯卡尔在自己的《思想录》中批评蒙田的自我描述是"愚蠢的计划"，并批评蒙田"对死亡所持的异教徒态度"。布莱兹·帕斯卡尔细心研究过蒙田的著作，采用过蒙田的一些观点甚至语句，但是他把这些观点和语句融汇到他自己的那套与蒙田截然不同的道德和神学思想构架之中。一些神学家则抨击蒙田是"无神论者"。波舒哀[79]大主教曾在讲道时批判过蒙田。笛卡儿派的哲学家和天主教神学家尼古拉·德·梅莱布朗什[80]则从哲学和神学两方面反对蒙田。《蒙田随笔集》在一六七六年被罗马教廷列入禁书目录。而西班牙人对异端思想的嗅觉更灵敏，他们早在一六四〇年就把蒙田的著作列入禁书目录。有论者认为,反蒙田的倾向与天主教会态度的转变关系甚大。在一五八〇年至一五九〇年间,天主教会的主要威胁来自新教。蒙田显然不是新教徒,事实上,蒙田的怀疑论思想还可能是反对新教徒的一种武器——可以摧毁新教徒们独立下判断的那种自信心。然而到了十七世纪后半叶,怀疑论者或者说那些"放浪的自由思想者"似乎成了天主教会的主要威胁,所以蒙田背离正统思想的那些观点就成了天主教会批判的目标。蒙田的声誉在十七世纪后半叶的法国衰落,还有美学方面的原因。十七世纪的法国是盛行古典主义文学的时代,而古典主义文学的基本特征之一是重视创作法则,要求文学艺术家必须遵守当时作为规范的原则,例如著名的戏剧"三一律",要求文学艺术的形式严谨完美,而结构松散、借题发挥的蒙田随笔显然不符合当时流行的审美情趣。十七世纪法兰西著名作家让·路易·盖·德·巴尔扎克[81]批评蒙田的论证常常离题。法国小说家夏尔·索雷尔[82]抱怨蒙田的随笔"缺乏条理和连贯性"。布莱兹·帕斯卡尔指摘蒙田的随笔"混乱"。这些从宗教的角度或者审美的角度所做的批评往往显得相当有说服力,因此《蒙田随笔集》法语版在一六六九年至一七二四年间没有再印。

然而《蒙田随笔集》却在十七世纪走出法国,蜚声异邦。一六〇三年,蒙田的随笔由约翰·弗洛里奥[83]以意译方式译成英语,虽非十分精确,但译文甚为优美。莎士比亚读的可能就是这个译本,他在其剧作《暴风雨》中引用蒙田的词句,可能是受蒙田的随笔《话说食人部落》的启示。弗朗西斯·培根的《随笔集》显然受到蒙田的启迪,尽管弗朗西斯·培根的严谨句式和利落的归纳与蒙田截然不同。但弗朗西斯·培根考虑的似乎是使讨论告终,而不是激起这类讨论。一六八五年,由查尔斯·科顿[84]翻译的《蒙田随笔集》英语版选译本问世。这个新的英译本要比约翰·弗洛里奥的译本更为信实,在英国被广泛阅读。

在十八世纪,蒙田被再度发现,重新得到诠释。一七二四年,《蒙田随笔集》法语版由一位法国人在英国出版。这是《蒙田随笔集》法语版在沉寂了五十多年以后的再次出版。这位出版者翻译过洛克[85]的著作,他认为蒙田是洛克的先驱,尤其是在儿童教育方面。蒙田不拘一格的文体在十八世纪重又时兴起来,成为对十八世纪路易十四时代(1643—1715)价值观的一种逆反。法国启蒙运动的思想家们高度评价蒙田,把蒙田视为自由派思想的先驱。伏尔泰反对西方人的种族优越感,因而把蒙田引以为自己的同道。伏尔泰把蒙田比作孟德斯鸠,而后者其实是一位有理论体系的思想家。伏尔泰反对布莱兹·帕斯卡尔对蒙田的批评,伏尔泰说:"蒙田像他所做的那样朴实地描述自己,这是多么可爱的设想!因为他描述的是人性……"[86]孟德斯鸠对蒙田的评价有点与众不同,他认为蒙田属于四大文豪之一,"这四大文豪是:柏拉图[87]、尼古拉·德·梅莱布朗什、沙夫茨伯里[88]、蒙田!"[89]让-雅克·卢梭对蒙田持保留看法,因为让-雅克·卢梭本人一生坎坷、颠沛流离、晚年清贫多病,他的生活处境和蒙田不同。让-雅克·卢梭不喜欢蒙田起伏多变的文笔[90]。而百科全书派的作家把蒙田看作他们的自己人。狄德罗[91]欣赏蒙田恰恰就是由于当初蒙田受到布莱兹·帕斯卡尔批评的那种缺乏条理的文笔。狄德罗认为这是自然的表现。狄德罗还把蒙田和十八世纪的法国哲学家克洛德·阿德里安·爱尔维修[92]相提并论。总之,在十八世纪的法国,蒙田被看成是哲学家。一七八九年以后,蒙田又成了一位革命家。一个名叫圣艾蒂安[93]的人说,蒙田怀疑而弗朗西斯·培根实干,"他们为法国大革命开辟了道路"。[94]可见,十八世纪的法国对蒙田虽然不乏好评,但对他的诠释却有点随心所欲。

在十八世纪中叶,三卷本的《蒙田随笔集》于一七五三年至一七五四年间被译成德语。据有关资料记载,十八世纪的德国大文豪歌德[95]和席勒[96]都读过蒙田的随笔。德国十八世纪著名作家约翰·戈特弗里德·赫尔德[97]认为,蒙田代表着对民歌的陶醉和对自然的回归。[98]

在十九世纪,某些旧日的误解继续存在,但人们日益理解和欣赏蒙田,不仅把蒙田视为一位杰出的思想家,而且把他视为作家们的老朋友。古斯塔夫·福楼拜[99]把《蒙田随笔集》放在床头的桌上,并把蒙田看成是"另一个我"。古斯塔夫·福楼拜说:"你问我读什么书好,读蒙田吧……他能使你平静,你会喜欢他的。你会发现我说的没错儿。"十八世纪法国杰出的随笔作家夏多布里昂[100]对待蒙田的态度与众不同,起初他反对蒙田,认为蒙田和拉伯雷一样,是斯宾诺莎[101]的先驱之一(见《论古今革命》),继而又认可蒙田,并对这位《雷蒙·塞邦赞》的作者表示感谢(见《基督教真谛》),最后他在《墓畔回忆录》中把蒙田的生活经历和自己的一生进行比较,他非常羡慕蒙田宁静的心境:"亲爱的米歇尔(指蒙田),你谈了许多令人神往的事,但是，你看，在我们这个年纪，爱情给我们的回报并不如你所设想的……"[102]十九世纪法国著名文学评论家圣伯夫[103]认为蒙田是一位古典主义者。圣伯夫说："蒙田最与众不同并使他成为奇才的地方，是他在那样一个时代，始终是节制、谨慎和折中的化身。"圣伯夫盛赞蒙田："《蒙田随笔集》是随笔集的教科书。"[104]在十九世纪的英国，著名文学评论家和随笔作家威廉·黑兹利特把蒙田称为"第一位敢于抒发自己内心感受的作家"[105]。德国十九世纪著名哲学家尼采[106]称赞蒙田的文化相对论和蒙田的那种"勇敢、快活的怀疑论"[107]。在十九世纪赞赏蒙田的读者群中，有英国杰出的诗人拜伦[108]、英国著名小说家萨克雷[109]和史蒂文森[110]、英国著名学者赫胥黎[111]、美国思想家兼随笔作家爱默生[112]。

二十世纪以来，蒙田被公认为撰写随笔的巨匠。二十世纪享誉世界的著名作家，如英国女作家伍尔夫[113]、英国诗人兼文学评论家T.S.艾略特[114]和法国作家纪德[115]均被蒙田的魅力深深吸引。在二十世纪，人们不仅接受蒙田，而且还对蒙田作出全新的诠释，这无非是要在自己的心目中塑造一个蒙田的形象。一位对蒙田深有研究的学者A.萨依斯（Sayse）说，蒙田到了威尼斯，发现这座城市不如自己想象的那么好，那种失望情绪和普鲁斯特[116]小说中的主人公马塞尔在巴尔贝城的那种沮丧情绪毫无二致。还有人强调指出，蒙田是弗洛伊德[117]的先驱。也有人认为，蒙田的文化相对论思想、他的崇尚自然和那种乐天知命地看待死亡的态度和中国的道家思想十分相似。蒙田早年赞美犬儒学派的简朴生活，他曾心仪的（锡诺伯）

第欧根尼[118]和中国道家中的传说人物许由[119]何其相似乃尔[120]。像这样一些推断很可能会使九泉之下的蒙田哑然失笑，却使我们醒悟到：每一代人都想重新诠释一切古典作品。

二十世纪初，一个名叫阿曼戈的博士创建了蒙田学会，今天，其会员几乎遍及世界各地，从巴西、加拿大一直到印度和日本。《蒙田随笔集》不仅在全欧洲，而且也在美洲和亚洲被广泛阅读和评论。第二次世界大战结束后，日本出版了《蒙田随笔集》全集的日译本，印量一万册，一年之内便销售一空。可见，《蒙田随笔集》不是写给少数人看的，也不是昙花一现，而是那些依然相信人类尊严的人们手中永久而普遍的读物。

呈献给读者的这本斯蒂芬·茨威格著《蒙田》的中译本由笔者译自德国费舍尔出版社二〇〇五年十月出版的《蒙田》德语原版（Stefan Zweig: *Montaigne*, Fischer Taschenbuch Verlag, 6. Auflage, Oktober 2005）。

本书第一版于二〇〇八年十二月由生活·读书·新知三联书店印行，迄今已逾十一载，此次印行的中译本是修订版。笔者在修订时参阅了各种已出版的图书[121]，其中德语图书皆由在德国慕尼黑大学汉学系执教的陈钢林博士（Dr. GangLin Chen）馈赠，对于这样一位挚友，笔者永铭感激之情。

斯蒂芬·茨威格所著《蒙田》是人物传记，不是学术论著。笔者不揣浅陋，为本书编写了《米歇尔·德·蒙田年谱》和《〈蒙田随笔集〉在中国》以及撰写了这篇较长的

《译者后记》,以期中国读者能对蒙田有较全面的了解。限于笔者水平,疏误恐或难免,祈望专家学者和广大读者多方指教,不胜盼祷。

舒昌善

二〇一九年五月一日

识于北京师范大学文学院

注 释

〔1〕贝特霍尔德·菲特尔（Berthold Viertel），奥地利作家兼出版家，斯蒂芬·茨威格的友人。

〔2〕斯蒂芬·茨威格虽然在1938年12月末和第一任妻子弗里德里克离婚，但此后一直保持书信往来，并始终称呼"亲爱的弗里德里克"，他生前亲自给弗里德里克寄出的最后的一封信是1942年2月18日，即他去世前四天；1942年2月22日斯蒂芬·茨威格自尽的当天给弗里德里克留下了遗书。

〔3〕斯蒂芬·茨威格的《蒙田》书稿是他用打字机打印的，其中有若干笔误，时下德国出版社在出版此书时已将笔误一一改正。笔者在本书中也已将斯蒂芬·茨威格的笔误改正，并加以说明。

〔4〕百年战争，1337—1453年英法两国间的战争，因持续一百多年，故有其名。起因于两国王室争夺富庶的佛兰德斯和英国自亨利二世起在法国境内占有的领地。战争似可分四个阶段。最后阶段（1428—1453），英国军队南下围困法国南部门户城市奥尔良。法国民众群情激昂，在牧羊女贞德鼓舞下，击退英军，收复许多城池。1453年法军收复除加来港（Calais）以外的全部领土，百年战争遂告结束。

〔5〕居耶内（Guyenne），是波尔多周围的地区名，今属于法国行政区加斯科涅郡（Gascogne），但在英国人统治时期，这个地区称居耶内郡。

〔6〕欧洲宗教改革运动是16世纪席卷欧洲的反对罗马天主教会的社会改革运动。1517年，德国人马丁·路德发表《九十五条论纲》，抨击教皇出售赎罪券，揭开斗争序幕。1521年马丁·路德当众烧毁教皇革除他教籍的谕令。宗教改革中创立的教派，称为新教（或称福音派或耶稣教），新教区别于旧教（天主教）的要点是：强调"因信得救"，不必通过教士主持的各种"圣事"；反对天主教的教阶

制;反对教皇对各国教会事务的控制与干涉;用本民族语言做礼拜,只保留洗礼和圣餐礼的仪式。新教中有三个派别:德国人马丁·路德创立的路德宗,产生于德国,后传播至斯堪的纳维亚诸国以及瑞士、法国等;法国人让·加尔文创立的加尔文宗,产生于瑞士日内瓦,传播于法国、尼德兰和苏格兰等国;英国圣公会,又称英国国教会,是英王亨利八世(Henry Ⅷ,1491—1547)自上而下建立的教派。

〔7〕 法国的宗教内战,又称法国胡格诺内战,是指1562—1598年法国新教胡格诺派和天主教集团之间的内战。天主教集团以法国东北部贵族亨利·吉斯公爵(Henri de Lorraine duc de Guise,1550—1588)为首。胡格诺派以那瓦尔的亨利为首。揭开法国宗教内战序幕的是弗朗索瓦·吉斯公爵(François duc de Guise,1519—1563,亨利·吉斯公爵之父),1562年3月1日,他率领天主教徒在法国的瓦西(Vassy)镇袭击胡格诺派教徒,法国宗教内战由此爆发。在经历三次宗教内战(1562—1563,1567—1568,1568—1570)后,双方于1570年议和。1572年8月24日,"圣巴托罗缪之夜惨案"以后,法国宗教内战的战事再起。1576年胡格诺派在法国南部建立联邦,实际上是脱离北方。同年,法国北方的天主教徒建立天主教同盟,内战日益激烈。西班牙国王腓力二世(Felipe Ⅱ,1527—1598,1556—1598年任西班牙国王)亦派遣军队到法国援助天主教集团。战祸加重了民众的苦难,农民起义不断兴起,规模最大的是"克洛堪农民起义"(指1594年至1596年席卷法国西南部的农民起义,因起义者称封建贵族和税吏为鼠类Croquants——克洛堪的音译,故名),后来,宗教内战双方的贵族集团为维护共同的利益寻求妥协。1593年,那瓦尔的亨利不顾胡格诺派的反对,改奉天主教,1594年进入巴黎,正式加冕为全国公认的法兰西国王亨利四世。1598年4月13日,亨利四世在法国西部卢瓦河下游的南特(Nantes)颁布"南特敕令"(德语Edikt von Nantes),法国宗教内战终告结束。"南特敕令"实际上是天主教集团和胡格诺派之间的妥协性和约。由于亨利·吉斯公爵、那瓦尔的亨利和亨利三世在此次法国宗教内战中起着主导作用,故有法国历史文献将法国16世纪的宗教内战习称为

"三亨利之战"。

〔8〕 地理大发现，参阅本书第一章注〔17〕、〔18〕。

〔9〕 欧洲在1450年前后发明了活字印刷术，参阅本书第一章注〔16〕。

〔10〕 人文主义思想是指欧洲14世纪至16世纪的人文主义，但是在当时的欧洲语言中并无人文主义（Humanismus）这个词，此词的出现始自1808年。是年，德意志教育家尼特哈默尔（F.J. Niethammer）首创人文主义一词，因为19世纪初的德意志中等教育日益强调自然科学和工艺技术，这引起尼特哈默尔的忧虑，他认为这样的课程设置忽略了对人的德育教育，而教育首先是要教会如何做人、要培养人的精神品质，所以尼特哈默尔首创的"人文主义"的实质含义原本是提倡学习古代经典、学习古希腊语和拉丁文，因为如何做人的许多训谕在古希腊语和拉丁文的古典名著中早已有之。学习古代经典固然是兴起于意大利的文艺复兴的显著特征，但在文艺复兴时期没有人使用"人文主义"这个术语。人文主义者也仅仅在学习古代经典这一点上达成共识，而并非他们有共同的意识形态。例如，许多人文主义者信奉柏拉图主义，也有不少人文主义者推崇亚里士多德。有些意大利人文主义者表现出近似反宗教的态度，而另一些意大利人文主义者则是非常虔诚的基督徒。有些人文主义者是共和主义者，而另一些人文主义者则坚决拥护君主制。人文主义在20世纪基本上是指人本主义哲学，肯定人性的尊严，有很强的世俗主义色彩，甚至有无神论的色彩。14世纪至16世纪的人文主义并非是18世纪启蒙运动的先声。当时的人文主义者都是相当虔诚的基督徒，他们所关心的是复兴古典文化，而不是废弃基督教信仰，更不是要废弃教会。Humanismus同时兼有人文主义、人本主义、人道主义三个词义。米歇尔·德·蒙田的人文主义既有学习古代经典的内涵，又有人本主义（提倡人性）的内涵。时至当代，人文精神主要是指以人为本的文化。

〔11〕 缪斯，参阅本书第三章注〔9〕。

〔12〕 文艺复兴是指14世纪至16世纪欧洲文化和思想发展的一个历史时期。"文艺复兴"一词源自法语 renaître，原意是"再生"。意大利艺术史家瓦萨里在其《绘画、雕刻、建筑名人传》中开始用"再生"

一词来概括这个历史时期文艺活动的特点。16 世纪的历史学家基本上承袭这一概念,认为文艺在古希腊古罗马的古典时期曾高度繁荣,而在中世纪衰落,直至 14 世纪至 16 世纪获得"再生"——复兴。文艺复兴始于意大利,后扩大到德、法、英、西、尼德兰等欧洲其他国家。文艺复兴的主要思潮是人文主义:反对中世纪的禁欲主义,摆脱教会对人的思想束缚,在自然科学、文学、艺术等诸多领域均有体现。

〔13〕弗朗索瓦·拉伯雷(François Rabelais,约 1494—1553),16 世纪法国小说家,有长篇小说《巨人传》传世,小说以嬉笑怒骂的文笔讽刺经院神学的迂腐和抨击教会的黑暗。

〔14〕弗朗西斯·培根,参阅本书第八章注〔19〕。

〔15〕布莱兹·帕斯卡尔,参阅本书第五章注〔9〕。

〔16〕参阅〔英〕彼得·博克(Peter Burke,新译:彼得·伯克)著、孙乃修译《蒙田》,北京:工人出版社 1985 年 12 月第 1 版第 15 页。(以下简称:孙乃修译《蒙田》)

〔17〕弗朗索瓦一世,参阅本书第二章注〔8〕。

〔18〕"蒙田领主"的法语原文是 Siuer de Montaigne。

〔19〕"高贵的人"的法语原文是 honnête homme。

〔20〕孟德斯鸠(Charles de Secondat baron de La Brède et de Montesquieu,1689—1755),法国哲学家、法学家、启蒙思想家,原名:夏尔·路易·德塞孔达(Charles Louis de Secondat),1716 年承袭男爵爵位并任法国波尔多(Bordeaux)法院院长,1728 年入法兰西科学院,曾游历欧洲诸国,返回法国后潜心著述,认为三种政体,即民主制、贵族制和君主制,都不是理想的政体,最理想的政体是君主立宪制;以保障自由为目标的法治是国家的灵魂,而保证法治的手段则是"三权分立",即立法权、行政权和司法权应分属三个不同的国家机关。孟德斯鸠认为,三权分立可以保障政治清明。其政治学说对 18 世纪末美国和法国的宪法制定产生明显影响。其主要著作有《波斯人信札》,假托两个波斯贵族人士到法国游历,发现法国社会许多荒唐腐败现象,以及《罗马盛衰原因论》《论法的精神》等。参阅法国《拉鲁斯大百科全书》的 Montesquieu 词条(*Grand Dictionnaire*

Encyclopédique Larousse 第 7 卷第 7076 页）。

〔21〕 参阅本书第三章注〔8〕。

〔22〕 苏格拉底（Socrates），参阅本书第一章注〔47〕和第五章注〔3〕。

〔23〕 参阅本书《米歇尔·德·蒙田年谱》1554 年记事和 1557 年记事。

〔24〕 斯多葛派哲学，参阅本书第一章注〔42〕。

〔25〕 米歇尔·德·蒙田的名言"我知道什么呢？"（Que sais-je？）载蒙田随笔《雷蒙·塞邦赞》（*Apologie de Raymond Sebon*）参阅〔法〕蒙田著、潘丽珍等译《蒙田随笔全集》中卷第 208 页第 3 段。南京：译林出版社 1996 年 12 月第 1 版。

〔26〕 伊壁鸠鲁（Epikouros），参阅本书第一章注〔41〕。

〔27〕 参阅孙乃修译《蒙田》，此处是指该书的各章标题。

〔28〕 参阅孙乃修译《蒙田》第 16 页第 2 段。

〔29〕 塞克斯都·恩披里柯（Sextus Empiricus，约公元 160—210 年），公元 3 世纪古希腊怀疑论哲学家，主要代表作《皮浪学说纲要》。参阅梁宗岱译《蒙田试笔》第 362—380 页。参阅本书第三章注〔8〕。

〔30〕 皮浪（Pyrrhon，约公元前 365—约公元前 275 年），古希腊怀疑论哲学家，认为由感觉和理性得来的知识均不可靠，要认识客观世界是不可能的，甚至客观世界是否存在亦可怀疑。主张对事物不下任何判断，认为这样就可避免一切纠纷，保持宁静的生活。皮浪的怀疑论实质上是对认知和科学的否定。蒙田的怀疑论思想显然不同于皮浪的怀疑论。

〔31〕 奥卡姆的威廉（William of Ockham, 1300？—1349？），英国神学家。

〔32〕 弗朗西斯科·桑切斯（Francisco Sanchez，1523—1601），西班牙哲学家。

〔33〕 阿格里帕·冯·内特斯海姆（Agrippa von Nettesheim，1486—1535），文艺复兴时期德国医生兼哲学家，批评当时的科学，抨击巫术。代表作《论科学的虚华与不确定性》（*Über die Eitelkeit und Unsicherheit der Wissenschaft*），此书 1527 年出版拉丁文本，1913 年出版德语本。

〔34〕 参阅孙乃修译《蒙田》第 41 页。

〔35〕 以上引文均参阅孙乃修译《蒙田》第 63—64 页。

〔36〕 参阅孙乃修译《蒙田》第 63 页。

〔37〕 以上引文均参阅孙乃修译《蒙田》第 66—67 页。

〔38〕 参阅孙乃修译《蒙田》第 74 页。

〔39〕 吉罗拉莫·本佐尼（Girolamo Benzoni, 1519—1566），意大利旅行家，米兰人，当时隶属于西班牙统治之下。他在美洲大陆住了 14 年，著有《新世界史》（*History of the New World,* 1565）。他在此书中对印第安人的生活方式作了详细而又富于同情心的记述，谴责西班牙殖民者的残酷行为。

〔40〕 安德烈·泰韦（André Thévet, 1502—1590），法国历史学家。他在自己的《法国南边的奇闻》（*Singularities of Antarctic France*）一书中记述了巴西土著人的生活方式。他觉得那些土著人的生活就像"野兽"那样。然而泰韦认为，"野蛮的"巴西人和"文明的"欧洲人相比，欧洲人并不见得高人一等。虽然巴西人崇拜偶像，但他们还是要比当时欧洲罪该万死的无神论者高明。

〔41〕 让·德·莱里（Jean de Léry, 1534—1611），法国新教牧师、作家，他在自己的《巴西旅行记》（*Story of a Voyage to Brazil,* 1578）一书中认为，巴西的"野蛮人"固然有违背人性的一面，但同时又强调他们有人性的一面；并指出，这些"野蛮人"在部落内部的安宁、和谐与仁慈可以使基督徒为之羞愧，因为在当时的法国有许多无辜者在宗教狂热的迫害和内战中被杀害。

〔42〕 参阅《蒙田随笔全集》（译林版）上卷第 235 页。

〔43〕 参阅孙乃修译《蒙田》第 36 页第 2 段。

〔44〕 西塞罗，参阅本书第一章注〔8〕。

〔45〕 泰伦斯（Terence, 拉丁文名字 Publius Terentius Afer, 公元前 186？—公元前 161 年），古罗马喜剧作家。泰伦斯的这句格言出自他的喜剧《自责者》，此处中译文引自卢岚的译文，参阅梁宗岱译《蒙田试笔》第 372 页；这句格言另有一种白话文的译文："我是人，我认为人类的一切都与我血肉相关。"参阅孙乃修译《蒙田》第 1 页的题词。

〔46〕 参阅《蒙田随笔全集》（译林版）下卷第 353 页最后一段和第 346 页第 1 段。

〔47〕 参阅《蒙田随笔集》前言《致读者》，载《蒙田随笔全集》（译林版）上卷第 31 页。

〔48〕 普卢塔克，参阅本书第二章注〔30〕。

〔49〕 塞内卡，参阅本书第四章注〔8〕。

〔50〕 卢克莱修（Lucretius，约公元前 98—公元前 54 年），古罗马哲学家、诗人。生平事迹知之甚少。以叙事诗体裁著《物性论》（共六卷）阐发伊壁鸠鲁的唯物论学说。此著作在作者去世后不久由西塞罗代为发表。

〔51〕 贺拉斯（Horace，公元前 65—公元前 8 年），古罗马诗人。其父为一释放奴隶，送贺拉斯去罗马、雅典受教育，后和维吉尔结识，接近"美西纳斯"文艺团体，并受奥古斯都皇帝赏识，跻身于宫廷诗人行列，以写讽刺诗和抒情诗闻名，杰作有《颂歌》《论诗艺书简》。

〔52〕 此处的拉尔修的第欧根尼（Diogenes Laërtius，公元 2—3 世纪之间），为古希腊哲学史家，著有《哲学家传记》十卷，而并非古希腊犬儒派哲学家锡诺帕的第欧根尼（Diogenes of Sinope，约公元前 404—约公元前 323 年）。

〔53〕 维吉尔，参阅本书第二章注〔39〕。

〔54〕 恺撒（Gaius Julius Caesar，约公元前 101—公元前 44 年），古罗马共和政体末期著名军事统帅和政治家，出身贵族世家，但他本人支持民众派。公元前 68 年任财政官。公元前 65 年任市政官，在公元前 63 年西塞罗任执政官时，恺撒被元老院选为大祭司，公元前 62 年任司法官，公元前 61 年任西班牙总督，公元前 60 年与庞培、克拉苏结成"前三巨头"同盟，公元前 59 年任罗马执政官之一，公元前 58 年出任山南高卢总督，大举向山北高卢（法国、比利时一带）扩张，时至公元前 50 年春返回山南高卢。恺撒在征战高卢不到 10 年的时间内占领 800 多座城池，征服 300 个部落、与 300 万人作战，其中约 100 万人被歼灭，约 100 万人被俘，掠夺大量黄金、财富及奴隶送往罗马，权势日重。公元前 53 年克拉苏阵亡后，庞培与元老院合谋，企图解除恺撒的兵权。恺撒闻讯后于公元前 49 年 1 月率 13 个军团渡过山北高卢行省和意大利交界的卢比孔（Ribikon）河向

罗马进发。庞培偕大批元老院元老逃往希腊。公元前49年2月恺撒占据罗马,被宣布为非常时期的独裁官,但11天后他交卸了这一官职而竞选公元前48年的执政官。竞选成功。此后破例五次任执政官,公元前45年被元老院宣布为终身独裁官和终身保民官、兼领"国父"尊号,成为名副其实的独裁者。

〔55〕希罗多德(Herodotus,约公元前484—约公元前425年),古希腊历史学家,有西方"历史之父"之称,曾游历埃及、巴比伦、黑海北岸等地,长期寄居雅典和南意大利,著有《希腊波斯战争史》,内容除战事以外,也叙述了希腊、波斯、埃及与西亚各国的历史、地理和风俗习惯。

〔56〕塔西佗(Tacitus,约公元55—约公元120年),古罗马历史学家,历任罗马帝国保民官、执政官、行省总督等职,反对帝制,以共和政体为理想。著作有《年代记》《历史》《日耳曼尼亚志》。《阿古利可拉传》记其岳父在不列颠任职的情况。其著作行文艰深,取材翔实,均系研究西方古代史的重要资料。

〔57〕奥维德,参阅本书第二章注〔38〕。

〔58〕参阅孙乃修译《蒙田》第30—31页。

〔59〕伊巴密浓达(Epaminondas,公元前420?—公元前362年),希腊底比斯将军,两次击败斯巴达,建立反斯巴达同盟,称霸希腊,后进军伯罗奔尼撒,在曼提尼亚战役中阵亡。

〔60〕参阅孙乃修译《蒙田》第31—32页。

〔61〕参阅《蒙田随笔全集》(译林版)下卷第13篇《话说经验》第403页最后一段。

〔62〕参阅《蒙田随笔全集》(译林版)下卷第407页最后一段。

〔63〕参阅《蒙田随笔全集》(译林版)上卷第20篇《研究哲学就是学习面对死亡》第99页第2段,第91页第1段,第95页第2段,第103页最后一段,第106页第3段,第98页第2段。

〔64〕参阅《蒙田随笔全集》(译林版)上卷第19篇《幸福要等死后方可定论》第86页第2段,第84页第1段,第87页最后一段。

〔65〕参阅[法]米歇尔·德·蒙田著、[西]萨尔瓦多·达利编选并插图、朱子仪译《蒙田随笔》(插图本),上海:上海人民出版社2006

年10月第1版第1次印刷,《致读者》第1页。
〔66〕 圣奥古斯丁(Saint Aurelius Augustinus, 约354—430年),罗马帝国天主教神学家,后任北非希波(Hippo)的主教,宣扬"原罪说",著有《忏悔录》《论天主之城》等。
〔67〕 让-雅克·卢梭,启蒙运动时期著名思想家,祖籍法国,后移居日内瓦,著有《忏悔录》,其他著名代表作有《论人类不平等的起源和基础》《社会契约论》等。参阅本书第二章注〔23〕。
〔68〕 参阅《蒙田随笔全集》(译林版)中卷第3篇《塞亚岛的风俗》,第21页。
〔69〕 参阅《蒙田随笔全集》(译林版)下卷第5篇《谈维吉尔的诗》,第60页。
〔70〕 参阅《蒙田随笔全集》(译林版)下卷第6篇《谈马车》,第133页。
〔71〕 参阅《蒙田随笔全集》(译林版)下卷第9篇《谈虚妄》,第190页。
〔72〕 参阅《蒙田随笔全集》(译林版)下卷第11篇《谈跛子》,第292页。
〔73〕 参阅《蒙田随笔全集》(译林版)下卷第13篇《话说经验》,第340页。
〔74〕 参阅孙乃修译《蒙田》第124页。
〔75〕 参阅孙乃修译《蒙田》第120页。
〔76〕 参阅法语原著Pierre Villey: *Les Livres d'histoire moderne utilisés par Montaigne*, Paris, Hachette, 1908。
〔77〕 参阅孙乃修译《蒙田》第133页第1段。
〔78〕 勒内·笛卡儿(René Descartes, 1596—1650),法国哲学家、自然科学家、数学家。出身贵族家庭,曾长期从军,1629至1649年隐居荷兰潜心著述,1649年应瑞典女王之聘赴斯德哥尔摩,次年卒于该国,他在生理学、心理学、光学、流星学方面均有著述。在数学领域被认为是解析几何学的奠基人,在哲学方面,主张彻底抛弃经院哲学的偏见,把数学上从明白无误的公理出发进行推导的方法应用于哲学研究;提倡"普遍怀疑",其名言是"我思故我在"(法语:cogito ergo sum),认定精神主体的存在,他同时也肯定物质世界的客观存在。笛卡儿的哲学是二元论和"唯理"论(rationalisme)或称理性主义,他的哲学思想影响西

欧哲学界近一个世纪，主要著作有《方法论》《形而上学的思考》《哲学原理》等。参阅法国《拉鲁斯大百科全书》的 Descartes 词条（*Grand Dictionnaire Encyclopédique Lorousse*）第 3 卷第 3145—3146 页）。

[79] 波舒哀（Bossuet），参阅本书《米揭尔·德·蒙田年谱》1676 年记事。雅克·贝尼涅·波舒哀（Jacques Bénigne Bossuet, 1627—1704），1627 年 9 月 27 日生于法国第戎，1704 年 4 月 12 日卒于巴黎，17 世纪法国著名神学家和历史学家。参阅法国《拉鲁斯大百科全书》的 Bossuet 词条（*Grand Dictionnaire Encyclopédique Larousse* 第 2 卷 第 1372 页）。

[80] 尼古拉·德·梅莱布朗什（Nicolas de Malebranche, 1638—1715），法国天主教教士、神学家和笛卡儿主义的主要哲学家，主要著作是《寻求真理》（*De la recherche de la vérité*，共 3 卷，1674—1675），他在此书中对米歇尔·德·蒙田进行强烈批评，他认为，"我们在天主身上看到一切"，如果人与天主之间没有联系的话，人类既不可能认识内心世界也不可能认识外部世界，他把笛卡儿的"唯理"论（rationalisme）和二无论发展得更完备，并认为笛卡儿的二元论与正统的天主教可以和谐共存。参阅法国《拉鲁斯大百科全书》的 Malebranche 词条（*Grand Dictionnaire Encyclopédique Larousse* 第 6 卷第 6577 页）。

[81] 让·路易·盖·德·巴尔扎克（Jean Louis Guez de Balzac, 1597？—1654），参阅本书《米歇尔·德·蒙田年谱》1724 年记事。此处所说的这位巴尔扎克和创作《人间喜剧》的 19 世纪法国伟大作家奥诺雷·德·巴尔扎克（Honoré de Balzac, 1799—1850）不是一人。

[82] 夏尔·索雷尔（Charles Sorel, 1597—1674），17 世纪法国巴黎的著名讽刺小说家，参阅法国《拉鲁斯大百科全书》的 SOREL (Charles) 词条（*Grand Dictionnaire Encyclopédique Larousse* 第 9 卷第 9700 页）。

[83] 约翰·弗洛里奥（John Florio, 1553？—1625），英国词典编纂家、翻译家。

[84] 查尔斯·科顿（Charles Cotton, 1630—1687），英国诗人，主要因参

加艾萨克·沃尔顿（Izaak Walton）的《高明的垂钓者》（*Compleat Angler*）的写作而闻名，曾把《蒙田随笔集》从法语译成英语。

〔85〕 约翰·洛克（John Locke，1632—1704），英国哲学家、英国唯物主义经验论创始人。他在政治上反对君权神授说，提出"三权分立说"，主张自由和宽容。主要著作有《政府论》《教育漫话》等。

〔86〕 参阅〔法〕莫里斯·拉为《蒙田随笔集》所写的《引言》，载《蒙田随笔全集》（译林版）上卷第28页第1段。

〔87〕 柏拉图，参阅本书第一章注〔13〕。

〔88〕 安东尼·阿什利·库珀·沙夫茨伯里（Anthony Ashley Cooper Shaftesbury，1671—1713），英国哲学家和政治家，1671年2月26日生于伦敦，1713年2月15日卒于意大利的那不勒斯（Naples），出身伯爵世家，英国启蒙运动最重要的代表人物之一，1686年至1689年游历欧洲，1695年至1698年任英国国会议员，1699年继承爵位，世称沙夫茨伯里伯爵第三，同年进入英国国会上议院，因1702年保守派上台而于1702年7月从公职退休，又因健康原因于1711年离开英国到意大利。他是英国的自然神论者之一，约翰·洛克早年曾指导过他的学习，沙夫茨伯里伯爵第三的哲学思想受到剑桥柏拉图主义者（Cambridge Platonists）的影响，这些柏拉图主义者强调人有一种天然的道德意识，他基于这一观念，既反对正统基督教的原罪说，又反对自然状态的人不可避免地会进行战争；他又认为，人们所看到的美或真，不过是绝对的美或真的影子。这些观念决定了他对宗教和艺术的态度。1711年发表文集《人的特征——习俗、见解和时代》（共三卷）（*Characteristics of Men, Manners, Opinions and Times*），此书在英国和欧洲大陆均有重大影响。

〔89〕 参阅〔法〕莫里斯·拉为《蒙田随笔集》所写的《引言》，载《蒙田随笔全集》（译林版）上卷第27页最后一段。

〔90〕 参阅〔法〕莫里斯·拉为《蒙田随笔集》所写的《引言》，载《蒙田随笔全集》（译林版）上卷第28页第1段。

〔91〕 德尼·狄德罗（Denis Diderot，1713—1784），法国哲学家、作家、启蒙思想家，出身手工业者家庭，曾研习法律，因发表无神

论著作而一度被捕，1751年任法国《百科全书》主编，历二十余年完成该巨著，故其学派习称百科全书派，1773年至1774年间应沙皇叶卡捷琳娜之邀访问俄国。狄德罗利用当时自然科学的成就，对世界的物质性做了带有若干辩证因素的探讨，认为物质的最小微粒（分子）在质和量上的差异产生物质的多样性；无机界在一定条件下可以向有机界转化；世界不存在绝对的静止；人的认识始于感觉经验；认识方法应包括对自然的观察、思考和实验三种。狄德罗还认为，立法使人们摆脱自然状态，结成社会；各国虽因条件差异而有君主制和民主制之分，但只有民众才享有主权；国家应为民众谋福利；公民在法律面前人人平等；应对封建制度的旧法律进行根本改革。狄德罗还开创了近代文艺批评之先河，主要著作有：《哲学思想录》《对自然的解释》《修女》《拉摩的侄儿》《达兰贝尔之梦》《达兰贝尔与狄德罗的谈话》《关于物质和运动的哲学原理》等。

〔92〕 克洛德·阿德里安·爱尔维修（Claude Adrien Helvétius，1715—1771），法国哲学家、启蒙思想家，出身宫廷医生家庭，1738年任包税官，1751年退职隐居，1765年应普鲁士国王弗里德里希二世之邀访问柏林。爱尔维修承认世界的物质性，认为运动（机械运动）是物体的固有属性，在认识论上把洛克的感觉论推向极端，认为人的一切能力都可以归结为感觉，意识即感觉的总和。他还把感觉论运用到社会生活领域，提出"自爱原则"，认为人的天性是趋乐避苦；提出"人是环境的产物"；认为要消灭社会上的罪恶，必须改变政体和立法，但又认为法律的完善依赖于人类理性的进步，故提出"倡议支配世界""教育万能"等论断。其学说对空想社会主义和功利主义均有影响。主要著作有《精神论》《论人》等。

〔93〕 圣艾蒂安的法语人名拼写是 Saint Étienne。

〔94〕 参阅孙乃修译《蒙田》第141页。

〔95〕 歌德，参阅本书第一章注〔3〕。

〔96〕 席勒，参阅本书第一章注〔43〕。

〔97〕 约翰·戈特弗里德·赫尔德（Johann Gottfried Herder，1744—

1803），德国18世纪著名学者、作家、文艺理论家，是歌德和席勒的朋友，一生研究广泛，涉及哲学、文艺、宗教、历史和语言学等，提倡民族文化，重视民间文学，1778—1779年出版《民歌集》。

〔98〕 参阅孙乃修译《蒙田》第141页。

〔99〕 古斯塔夫·福楼拜（Gustave Flaubert，1821—1880），19世纪法国著名作家，代表作《包法利夫人》。

〔100〕 夏多布里昂（François-René de Chateaubriand，1768—1848），法国18世纪杰出的随笔作家，代表作有《论古今革命》《基督教真谛》《墓畔回忆录》等。

〔101〕 斯宾诺莎（Baruch de Spinoza，1632—1677），荷兰哲学家，唯理主义（理性主义）者，著有《神学政治论》《伦理学》等。

〔102〕 参阅〔法〕莫里斯·拉为《蒙田随笔集》所写的《引言》，载《蒙田随笔全集》（译林版）上卷第29页。

〔103〕 圣伯夫（Charles Augustin Sainte-Beuve，1804—1869），法国19世纪著名文学评论家兼作家，曾是雨果的亲密朋友，后因成为雨果夫人的情夫而被雨果绝交。圣伯夫最成功的文学评论是陆续发表的《月曜日漫谈》和《新月曜日》，共28卷，是法国文学史上将文学评论写成优美文章的最早范例。

〔104〕 参阅夏多布里昂的《论古今革命》第19、25、29页。

〔105〕 威廉·黑兹利特（William Hazlitt，1778—1830），参阅孙乃修译《蒙田》第141页。

〔106〕 弗里德里希·威廉·尼采（Friedrich Wilhelm Nietzsche，1844—1900），德国哲学家、诗人。尼采的哲学宣称客观世界及其规律性都是幻景；基本真实的存在是权力意志，一切事物的根源皆出于此，权力意志是自然界和社会的决定性力量。尼采认为基督教、理性主义和人文主义导致西方文明日趋没落，提倡"自我肯定"和主观战斗精神——是新价值观的主要特征。尼采强调进化就是权力意志实现其自身的过程，而人生的目的则在于发挥权力、"扩张自我"，尼采公开颂扬战争，宣称"宁可为战争而牺牲善行"。主要代表著作有《悲剧的诞生》《查拉图斯特拉如是说》《善恶的彼岸》《道德的谱系》等。

〔107〕 参阅孙乃修译《蒙田》第141页。

〔108〕 拜伦,参阅本书第一章注〔44〕。

〔109〕 萨克雷(William Makepeace Thackeray,1811—1863),19世纪英国著名小说家,代表作《名利场》。

〔110〕 史蒂文森(Robert Louis Stevenson,1850—1894),19世纪英国作家,代表作有小说《金银岛》等。

〔111〕 赫胥黎(Thomas Henry Huxley,1825—1895),19世纪英国著名学者,著有《进化论与伦理学》(此书一部分由严复译成中文后被称为《天演论》)。

〔112〕 爱默生(Ralph Waldo Emerson,1803—1882),美国思想家、随笔作家。

〔113〕 伍尔夫(Virginia Woolf,1882—1941),英国20世纪女作家,崇尚"意识流"创作手法,代表作有小说《黛洛维夫人》《到灯塔去》等。

〔114〕 T. S. 艾略特(Thomas Stearns Eliot,1888—1965),英国诗人,自称在文学上是古典主义者,成名作《荒原》。

〔115〕 纪德(André Gide,1869—1951),法国著名作家,1947年诺贝尔文学奖获得者。

〔116〕 普鲁斯特(Marcel Proust,1871—1922),法国作家,现代派小说的先驱之一。马塞尔是他的小说《追忆逝水年华》中的人物。

〔117〕 西格蒙德·弗洛伊德(Sigmund Freud,1856—1939),奥地利神经科医生,精神分析学创始人。

〔118〕 (锡诺伯)第欧根尼,参阅本书第五章注〔10〕,并参阅孙乃修译《蒙田》第142页。

〔119〕 许由,一作许繇。相传尧要把君位让给他,他逃至箕山下,农耕而食,尧又请他做九州长官,他到颍水边洗耳,表示不愿意听。

〔120〕 参阅孙乃修译《蒙田》第143页。

〔121〕 笔者在修订本书2019年版时参阅的图书有2015年9月上海人民出版社出版的[法]马德兰·拉扎尔著、马振骋译《蒙田传》;上海书店出版社2017年6月出版的[法]米歇尔·德·蒙田著、马振骋译《蒙田全集》等;英语图书如 Michel de Montaigne ESSAYS,

Translated with an Introduction by J.M.COHEN, PENGUIN BOOKS, Printed and bound in Great Britain by Cox & Wyman Ltd. Reading, March 1957; 德语图书如 *Michel de Montaigne, ESSAIS*, Auswahl und Übersetzung von Herbert Lüthy, Manesse Verlag 1953; *Michel de Montaigne, ESSAIS*, Herausgegeben und mit einem Nachwort versehen von Ralph-Rainer Wuthenow revidierte Fassung der von Johann Joachim Bode übertragenen Auswahl, Insel Verlag Frankfurt am Main 1976。